JN085079

発覚から調査・解決まで

# 職場の
# ハラスメント
## 対応マニュアル

原後綜合法律事務所
弁護士
**横山佳枝** [著]

労務行政

# はしがき

　少子高齢化が進み、平均寿命が延伸する日本においては、人生100年時代と言われるように、仕事をする期間も否応なく延びていくことが見込まれます。仕事をする期間が延びるのに伴い、高度経済成長期のような一律の働き方ではなく、個々人の状況や希望に応じた多様な働き方を受け入れる必要があることは、政府も認め、推進しているところです。例えば、男性の育児休業を推進すべく、2021年6月に育児介護休業法が改正されたこともその一つです。2050年代には人口が1億人以下となると推計されており、それに伴う労働力の減少に対応すべく、外国人労働者の受け入れの拡大に向けた議論も進んでいます。このような状況下において、企業として、さまざまなバックグラウンドを有する従業員の多種多様な働き方を受け入れるとともに、従業員のポテンシャルをどのように引き出し、生産性や競争力を高めていくかが課題になります。

　人生において仕事をする期間が延びることに伴い、仕事をすることに充実感や幸福を感じられるかどうかは、個々人の人生の豊かさにますます大きな影響を及ぼします。しかし、残念なことに、ハラスメントに関する労働相談が最も多いことが厚生労働省の統計で示されているように、日本では、ハラスメントに悩まされる人が多く存在している現状にあります。ハラスメントが発生すれば、ハラスメントの被害者である従業員はもちろん、それを見聞きする周囲の従業員のモチベーションが下がり、ひいては企業全体としての生産性が低下し、有能な人材の流出にもつながります。企業として、生産性や競争力を高めるためには、ハラスメントの防止およびハラスメントに対する適切な対応が必須です。

　遅ればせながら、2019年5月に成立した改正労働施策総合推進法により、セクハラ、マタハラと同様に、パワハラについても、企業が防止措置義務を負うこととされましたが、企業（特に中小企業）は、相談窓口を設置し、相談に対し適切に対応し、再発防止策を講じる等のハラスメ

ントの防止措置義務を履行すべく、四苦八苦しています。厚生労働省の調査結果によれば、ハラスメントの相談窓口が実効的に機能しているケースは多くなく、相談後の対応も相談者が満足する結果となっていないことがうかがわれます。

　ハラスメントの相談窓口に相談がなされることは、あたかも不祥事が発生したかのようにネガティブに捉えられがちですが、それは誤りであり、早期に職場のトラブルを探知できたのですから歓迎すべきことです。従業員が勇気を持って相談してくれたことに感謝し、必要十分な調査を行い、より良い職場環境を構築するために何をすべきかを検討し実行する必要があります。予断や偏見を持って調査に臨んだり、ハラスメントの根本的な原因を掘り下げて検討せず、表面的な調査で一件落着としたりすることは、相談当事者だけでなく、それを見聞きする他の従業員についても、企業への信頼を失わせることになります。

　本書では、ハラスメントの防止措置義務を負っている企業において、相談窓口の設置、調査対応、再発防止策などの一連の防止措置義務の履行に際し、留意すべき点を参考裁判例等を踏まえて解説するとともに、実際の事案をデフォルメしたケーススタディーにより、企業としての対応例を示しています。ハラスメントを防止するためにどのような仕組みを構築するか、ハラスメントが発生した場合どう対応するかは、唯一の正解があるものではなく、企業の規模や業態、職場の状況等に応じて検討する必要があります。また、いったん整備すれば終わりというものでもなく、従業員からのフィードバックを受けてより良いものにしていく必要があります。ハラスメントの対応について悩ましく思われている企業の方々において、本書をその道しるべとして参照いただければ幸いです。


　2023年7月

　　　　　　　　　　　　　　　　　　　弁護士　横山　佳枝

# 目　次

## 本書中の法令等の略語および正式名称

| 略　語 | 正式名称 |
|---|---|
| 育介法 | 育児休業、介護休業等育児又は家族介護を行う労働者の福祉に関する法律 |
| 均等法 | 雇用の分野における男女の均等な機会及び待遇の確保等に関する法律 |
| 労働者派遣法 | 労働者派遣事業の適正な運営の確保及び派遣労働者の保護等に関する法律 |
| 労働施策総合推進法（パワハラ防止法） | 労働施策の総合的な推進並びに労働者の雇用の安定及び職業生活の充実等に関する法律 |
| 労基法 | 労働基準法 |
| 労契法 | 労働契約法 |
| 労災保険法 | 労働者災害補償保険法 |
| セクハラ指針 | 事業主が職場における性的な言動に起因する問題に関して雇用管理上講ずべき措置等についての指針 |
| パワハラ指針 | 事業主が職場における優越的な関係を背景とした言動に起因する問題に関して雇用管理上講ずべき措置等についての指針 |
| マタハラ指針 | 事業主が職場における妊娠、出産等に関する言動に起因する問題に関して雇用管理上講ずべき措置等についての指針 |

# 第 1 章

# ハラスメント対応を
# 巡る問題と
# 事業主が講ずべき措置

# 1 ハラスメント問題の実情と取り組みの意義

## ■ 代表的なハラスメントの類型と法整備の状況

### ［1］代表的なハラスメントの類型

　職場におけるハラスメントの代表的なものとして、セクシュアルハラスメント（以下、「セクハラ」といいます）、妊娠・出産・育児休業等に関するハラスメント（以下、総称して「マタハラ」といいます）、パワーハラスメント（以下、「パワハラ」といいます）があります。セクハラ、マタハラ、パワハラの定義、関連法令、類型はそれぞれ［**図表 1 − 1**］［**図表 1 − 2**］［**図表 1 − 3**］のとおりです。

### ［2］ハラスメントに関する法整備の状況

#### ⑴日本における法整備の状況

　日本では、［**図表 1 − 4**］のとおり、2006年の均等法改正により、セクハラ防止について、事業主に雇用管理上必要な措置を講じることが義務づけられ、2016年の育介法改正により、マタハラ防止についても、事業主に雇用管理上必要な措置を講じることが義務づけられました。他方で、パワハラについては、改正労働施策総合推進法（通称：パワハラ防止法。以下、「パワハラ防止法」といいます）が2019年 5 月に成立するまでは、何らの法整備もなされていませんでした。

　しかし、全国の都道府県労働局に寄せられる民事上の個別労働紛争における相談件数のうち、「いじめ・嫌がらせ」についての相談件数が圧倒的に多数を占め、また年々増加していたこともあり、パワハラへの取り組みが進められ、パワハラ防止法の成立に至りました。

　パワハラ防止法は、事業主にパワハラ防止のための雇用管理上の措置（詳細は本章 2 参照）を講じることを義務づけるものであり、大企業に

**図表1－1** セクシュアルハラスメント（セクハラ）の定義

| 定義 | 職場において行われる労働者の意に反する性的な言動 |
|---|---|
| 法令・指針 | ・均等法<br>・セクハラ指針（事業主が職場における性的な言動に起因する問題に関して雇用管理上講ずべき措置等についての指針） |

◆典型的な例

①**対価型セクハラ**…職場において行われる性的な言動に対する労働者の対応により、当該労働者がその労働条件につき不利益を受けるもの

（例）　ア　事業主が労働者に対して性的な関係を要求したが、拒否されたため、当該労働者を解雇すること

　　　　イ　出張中の車中において上司が労働者の腰、胸等に触ったが、抵抗されたため、当該労働者について不利益な配置転換をすること

　　　　ウ　営業所内において事業主が日頃から労働者に係る性的な事柄について公然と発言していたが、抗議されたため、当該労働者を降格すること

②**環境型セクハラ**…職場において行われる性的な言動により労働者の就業環境が害されるもの

（例）　ア　事務所内において上司が労働者の腰、胸等に度々触ったため、当該労働者が苦痛に感じてその就業意欲が低下していること

　　　　イ　同僚が取引先において労働者に係る性的な内容の情報を意図的かつ継続的に流布したため、当該労働者が苦痛に感じて仕事が手につかないこと

　　　　ウ　労働者が抗議をしているにもかかわらず、事務所内にヌードポスターを掲示しているため、当該労働者が苦痛に感じて業務に専念できないこと

ついては2020年6月に、中小企業については2022年4月に、それぞれ施行されました。

　パワハラ防止法の成立とともに、均等法などの他の法律も併せて改正され、ハラスメント相談を受けたことを理由とする不利益な取扱いの禁止が規定されるなど、ハラスメント防止対策が強化されました。

**図表1-2** 妊娠・出産・育児休業等に関するハラスメント（マタハラ）※の定義

| 定義 | 職場における妊娠・出産・育児休業等に関する制度等の利用に関する言動により、労働者の就業環境が害されること |
|---|---|
| 法令・指針 | ・均等法<br>・育介法<br>・マタハラ指針（事業主が職場における妊娠、出産等に関する言動に起因する問題に関して雇用管理上講ずべき措置等についての指針） |

◆典型的な例

### ①制度等の利用への嫌がらせ

・解雇その他不利益な取扱いの示唆

（例）　産前休業の取得を上司に相談したところ、「休みを取るなら辞めてもらう」と言われた

・制度等の利用の請求等または制度等の利用を阻害すること

（例）　労働者が制度の利用の請求をしたい旨を上司に相談したところ、上司がその労働者に対し、請求をしないように言うこと／労働者が制度の利用の請求をしたい旨を同僚に伝えたところ、同僚がその労働者に対し、繰り返しまたは継続的に、請求をしないように言うこと

・制度等を利用したことにより嫌がらせ等をすること

（例）　上司・同僚が「所定外労働の制限をしている人はたいした仕事はできない」と繰り返しまたは継続的に言い、専ら雑務のみさせる状況となっており、就業する上で看過できない程度の支障が生じている

### ②状態への嫌がらせ

・解雇その他不利益な取扱いの示唆

（例）　上司に妊娠を報告したところ「他の人を雇うので早めに辞めてもらうしかない」と言われた

・妊娠等したことにより嫌がらせ等をすること

（例）　上司・同僚が「妊婦はいつ休むかわからないから仕事は任せられない」と繰り返しまたは継続的に言い、仕事をさせない状況となっており、就業する上で看過できない程度の支障が生じる状況となっている

※育児休業等に関するハラスメントは、労働者の性別を問わないものですが、本書では、妊娠・出産に関するハラスメントと併せて「マタハラ」と総称します。

**図表 1-3** パワーハラスメント（パワハラ）の定義

| 定義 | 職場において行われる①優越的な関係を背景とした言動であって、②業務上必要かつ相当な範囲を超えたものにより、③労働者の就業環境が害されるもの |
|---|---|
| 法令・指針 | ・パワハラ防止法<br>・パワハラ指針（事業主が職場における優越的な関係を背景とした言動に起因する問題に関して雇用管理上講ずべき措置等についての指針） |

◆典型的な例

**①身体的な攻撃（暴行・傷害）**

（例）　殴打、足蹴りを行うこと、相手に物を投げつけること

**②精神的な攻撃（脅迫・名誉棄損・侮辱・ひどい暴言）**

（例）　人格を否定するような言動を行うこと、業務の遂行に関する必要以上に長時間にわたる厳しい叱責を繰り返し行うこと

**③人間関係からの切り離し（隔離・仲間外し・無視）**

（例）　自身の意に沿わない労働者に対して、仕事を外し、長期間にわたり、別室に隔離したり、自宅研修させたりすること／１人の労働者に対して同僚が集団で無視をし、職場で孤立させること

**④過大な要求**

（例）　新卒採用者に対し、必要な教育を行わないまま到底対応できないレベルの業績目標を課し、達成できなかったことに対し厳しく叱責すること

**⑤過小な要求**

（例）　管理職である労働者を退職させるため、誰でも遂行可能な業務を行わせること

**⑥個の侵害（私的なことに過度に立ち入ること）**

（例）　労働者の性的指向・性自認や病歴、不妊治療等の機微な個人情報について、当該労働者の了解を得ずに他の労働者に暴露すること

ハラスメントに関する法整備の状況

| 1997年 | **均等法改正**<br>女性労働者に対するセクハラ防止について、事業主に雇用管理上の配慮義務が規定される（職場のセクハラに関する初めての規定） |
|---|---|
| 2006年 | **均等法改正**<br>男性労働者に対するセクハラも含め、セクハラ防止について、事業主に雇用管理上必要な措置を講じることが義務づけられる |
| 2016年 | **均等法・育介法改正**<br>マタハラ防止※について、事業主に雇用管理上必要な措置を講じることが義務づけられる<br>※それまでも、均等法により、妊娠等を理由とする不利益取扱いが禁止されていたが、上司・同僚によるマタハラに対しては十分に対応できていなかった。そのため、上司・同僚の言動によるマタハラについて、事業主に防止措置を講じる義務を課す旨改正された |
| 2019年 | **パワハラ防止法成立、均等法・育介法改正**<br>• パワハラ防止について、事業主に雇用管理上必要な措置を講じることが義務づけられる（職場のパワハラに関する初めての規定）<br>• ハラスメントを相談した従業員の不利益取扱いの禁止など、セクハラ・マタハラ防止対策が強化される |

## (2)暴力とハラスメントの禁止条約

　2021年6月に発効した国際労働機関（ILO）の条約（仕事の世界における暴力及びハラスメントの撤廃に関する条約）では、加盟国は、法律により、暴力とハラスメントを定義し禁止すること、違反した場合に制裁を行うことが求められています。これに対し、日本においては、ハラスメント行為そのものを法律上禁止しておらず、防止措置義務を課するにとどまり、また罰則もないことなどから、上記条約の水準に達していません。2015年に国連で「持続可能な開発目標（SDGs）」が採択され、その17の目標の中には、ジェンダー平等の実現、経済成長およびディーセントワーク（働きがいのある、人間らしい仕事）の促進、不平等の是

正が挙げられており、ハラスメントの撲滅はこれらの目標を達成するために不可欠です。企業には今後ますますSDGsへの取り組みが求められると考えられ、日本においても、上記条約の水準達成に向け、ハラスメントに関する法改正が段階的になされる可能性が高いと考えます。

## ［3］日本におけるハラスメントの現状

### ⑴民事上の個別労働紛争における相談内容

　厚生労働省の「令和4年度個別労働紛争解決制度の施行状況」によれば、全国の都道府県労働局に寄せられた民事上の個別労働紛争の相談内容は、「いじめ・嫌がらせ」が引き続き最多となっています[図表1−5]。なお、大企業については2020年6月以後、中小企業については2022年4

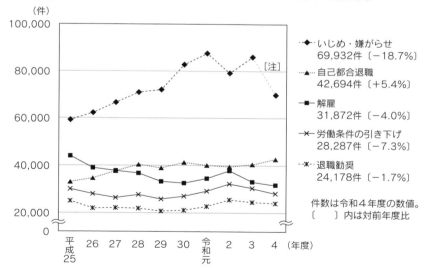

**図表1−5　民事上の個別労働紛争における、主な相談内容別の件数推移**

凡例：
- いじめ・嫌がらせ　69,932件〔−18.7%〕
- 自己都合退職　42,694件〔＋5.4%〕
- 解雇　31,872件〔−4.0%〕
- 労働条件の引き下げ　28,287件〔−7.3%〕
- 退職勧奨　24,178件〔−1.7%〕

件数は令和4年度の数値。
〔　　〕内は対前年度比

資料出所：厚生労働省「令和4年度個別労働紛争解決制度の施行状況」

［注］令和4（2022）年4月のパワハラ防止法の全面施行に伴い、（これまで「いじめ・嫌がらせ」に含まれていた）同法上のパワハラに関する相談は（同法に基づく対応となり）別途集計することとなったため、令和3年度以前と令和4年度以降では集計対象に大きな差異がある。

月以後、パワハラに関する相談がパワハラ防止法に基づき対応されることになり、上記の「いじめ・嫌がらせ」の相談件数には計上されていないため、それも含めれば、実際の「いじめ・嫌がらせ」の相談件数はさらに多いものと考えられます。

## ⑵職場のハラスメントに関する実態調査

　厚生労働省が実施した「令和2年度　職場のハラスメントに関する実態調査」（以下、「令和2年度実態調査」といいます）では、パワハラ、セクハラ、顧客等からの著しい迷惑行為（以下、「カスタマーハラスメント」といいます）、妊娠・出産・育児休業等に関するハラスメント（マタハラ）、介護休業等に関するハラスメント、就職活動等でのセクハラについて、企業調査と労働者等調査からなるアンケート調査を行っています。それによれば、過去3年間にハラスメントの相談があったと回答した企業のハラスメントの種類別の割合は、高い順に以下のとおりです。

第1位：パワハラ（48.2%）
第2位：セクハラ（29.8%）
第3位：顧客等からの著しい迷惑行為（カスタマーハラスメント）
　　　　（19.5%）
第4位：妊娠・出産・育児休業等ハラスメント（5.2%）
第5位：介護休業等ハラスメント（1.4%）
第6位：就活等セクハラ（0.5%）

### ▶パワハラ

　パワハラの該当事案の内容としては、「精神的な攻撃」（74.5%）が最も多く、「人間関係からの切り離し」（20.6%）、「過大な要求」（16.9%）、「個の侵害」（15.5%）が続いています。

## ▶セクハラ

　セクハラの該当事案の内容としては、「性的な冗談やからかい」が56.5％と最も多く、「不必要な身体への接触」（49.1％）、「食事やデートへの執拗な誘い」（38.1％）、「性的な事実関係に関する質問」（10.5％）が続いています。

## ▶カスタマーハラスメント

　カスタマーハラスメントの該当事案の内容としては、「長時間の拘束や同じ内容を繰り返す等の過度なクレーム」が59.5％と最も多く、「名誉棄損・侮辱・ひどい暴言」（55.7％）、「著しく不当な要求（金品の要求、土下座の強要等）」（27.7％）と続いています。

## ▶マタハラ

　マタハラの該当事案の内容としては、「上司が制度等の利用の請求や制度等の利用を阻害する言動を行う」が42.9％と最も多く、「繰り返し又は継続的に嫌がらせ等を行う（嫌がらせ的な言動、業務に従事させない、もっぱら雑務に従事させる）」（25.3％）、「同僚が繰り返し又は継続的に制度等の利用の請求や制度等の利用を阻害する言動を行う」（20.1％）、「上司が解雇その他不利益な取扱いを示唆する」（13.6％）が続いています。

## ▶ハラスメント行為を受けた後の行動

　令和2年度実態調査によれば、回答企業の約8割が相談窓口を設置し、周知していました。しかし、労働者側の調査結果を見ると、パワハラ、セクハラを受けた後の労働者の行動としては、「何もしなかった」が3割超と最も多く、社内相談窓口への相談は約5％、社外相談窓口への相談は2～3％にとどまり、社内外の相談窓口が十分に活用されていないことが示されています **[図表1－6]**。

**図表1−6** ハラスメント行為を受けた後の行動

（対象：過去 3 年間にパワハラ／セクハラ／顧客等からの著しい迷惑行為を受けた者）

資料出所：厚生労働省「令和 2 年度　職場のハラスメントに関する実態調査」
　　　　　（[図表 1 − 7 〜 1 − 9] も同じ）

## ▶ハラスメントを知った後の勤務先の対応

　労働者がハラスメントを受けていると認識した後の勤務先の対応としては、セクハラでは「あなたの要望を聞いたり、問題を解決するために相談にのってくれた」（34.6％）が最も多かったのに対し、パワハラでは「特に何もしなかった」が47.1％と最も多くなっており、パワハラに関する勤務先の対応が不十分であることが分かります［**図表1−7**］。

## ▶勤務先によるパワハラ、セクハラの認定

　勤務先によるパワハラ、セクハラの認定については、「ハラスメントがあったともなかったとも判断せずあいまいなままだった」の割合が最も高く（パワハラで59.3％、セクハラで40.2％）、ハラスメント（特にパワハラ）の認定の難しさが表れています［**図表1−8**］。

**図表1−7**　パワハラ／セクハラを受けていることを認識した後の勤務先の対応

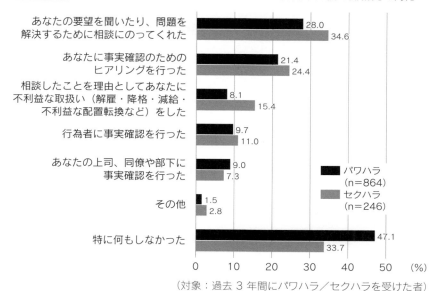

（対象：過去3年間にパワハラ／セクハラを受けた者）

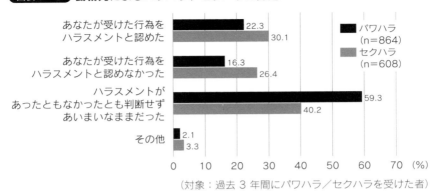

**図表1−8** 勤務先によるパワハラ、セクハラの認定

あなたが受けた行為を
ハラスメントと認めた　22.3／30.1

あなたが受けた行為を
ハラスメントと認めなかった　16.3／26.4

ハラスメントが
あったともなかったとも判断せず
あいまいなままだった　59.3／40.2

その他　2.1／3.3

パワハラ（n＝864）
セクハラ（n＝608）

（対象：過去3年間にパワハラ／セクハラを受けた者）

［注］パワハラ、セクハラの認定をまとめて表記するため、各選択肢の表記をハラスメントと記載。

　これらの調査結果に鑑みれば、現在においても、ハラスメントの相談
窓口が十分に活用されておらず、企業のハラスメントへの対応も不十分
であるといえます。

## ２ ハラスメント問題に取り組む意義

　後述のとおり、企業は、ハラスメント防止措置義務の履行として、ハ
ラスメントの相談窓口を設ける必要がありますが、利益追求を目的とす
る企業にとって、相談窓口の設置等のハラスメント対策の実施は、優先
順位の低い事項と捉えているかもしれません。しかし、相談窓口が機能
していなかったり、その対応が不適切であったりした場合には、従業員
が外部機関に相談したり、SNSで社外に拡散したりする可能性がありま
す。それにより問題が社内外に知れ渡り、レピュテーションが大きく低
下する事態にもなりかねません。その際には、ハラスメントが発生した
ことそのものだけではなく、企業がハラスメント対策を怠っていたこと
もクローズアップされます。最近では、従業員がSNSで企業の不祥事や
ハラスメントを告発し、炎上するケースも増えており、ハラスメント相

談窓口への信頼が薄いことから、SNSによる告発が企業への対応を迫る有効な手段と捉えられているのではないかと感じざるを得ません。

　相談窓口の機能不全などのハラスメント対応の怠慢は、本章2の❷で述べる損害賠償リスクに加え、被害者のみならず、ハラスメントを見聞きする周囲の従業員のモチベーションをも低下させ、生産性を落とし、有能な人材を流出させることにもつながります。また、ハラスメントが横行する職場では、従業員間のコミュニケーションが希薄化することにより情報が遮断され、意思決定に必要な情報が十分に収集できなくなり、成果を上げることができず、結果として企業の利益が大きく損なわれます。昨今、社会からのSDGsに対する要請の高まりに伴い、投資家が投資先企業を選定する際に、SDGsへの取り組み状況を重視するケースが増えており、今後ますますその傾向は強くなると見込まれます。

　以上のとおり、ハラスメントを防止するとともに、ハラスメントの発生を早期に探知し、ハラスメントを撲滅することに真摯に取り組むことは、措置義務の履行による法的リスクの軽減という効果だけでなく、職場環境の改善によるハラスメントの再発防止、従業員の信頼確保、社外のレピュテーション維持につながります。

　この点、前述の令和2年度実態調査によれば、ハラスメントの予防・解決のための取り組みを進めたことによる副次的効果として、「職場のコミュニケーションが活性化する／風通しが良くなる」の割合が35.9％と最も高く、次いで、「管理職の意識の変化によって職場環境が変わる」（32.4％）が高くなっていることからも見て取れます **［図表1－9］**。

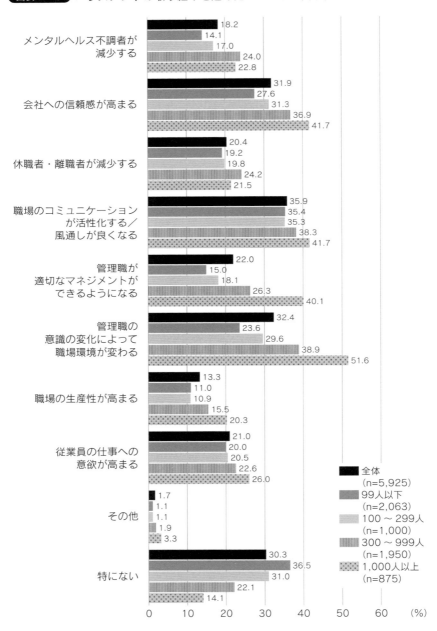

**図表1-9** ハラスメントの取り組みを進めたことによる副次的効果

メンタルヘルス不調者が減少する
- 18.2
- 14.1
- 17.0
- 24.0
- 22.8

会社への信頼感が高まる
- 31.9
- 27.6
- 31.3
- 36.9
- 41.7

休職者・離職者が減少する
- 20.4
- 19.2
- 19.8
- 24.2
- 21.5

職場のコミュニケーションが活性化する／風通しが良くなる
- 35.9
- 35.4
- 35.3
- 38.3
- 41.7

管理職が適切なマネジメントができるようになる
- 22.0
- 15.0
- 18.1
- 26.3
- 40.1

管理職の意識の変化によって職場環境が変わる
- 32.4
- 23.6
- 29.6
- 38.9
- 51.6

職場の生産性が高まる
- 13.3
- 11.0
- 10.9
- 15.5
- 20.3

従業員の仕事への意欲が高まる
- 21.0
- 20.0
- 20.5
- 22.6
- 26.0

その他
- 1.7
- 1.1
- 1.1
- 1.9
- 3.3

特にない
- 30.3
- 36.5
- 31.0
- 22.1
- 14.1

凡例：
- 全体 (n=5,925)
- 99人以下 (n=2,063)
- 100～299人 (n=1,000)
- 300～999人 (n=1,950)
- 1,000人以上 (n=875)

# 2 法律が定める「事業主が講ずべき措置」とは

## ① 事業主が講ずべき措置

### ［１］ 措置義務の概要

　セクハラ、パワハラ、マタハラに関する法令および指針上、事業主が負っている措置義務の概要は以下のとおりです [図表 1 － 10]。セクハラ、パワハラの措置義務の項目（下記①〜⑩）は共通しており、マタハラについては、セクハラ、パワハラと同様の項目（下記①〜⑩）に加え、原因や背景を解消する措置を講じる義務（下記⑪）があります。

### ①事業主の方針の明確化と周知・啓発

（対応例）

・就業規則等に、ハラスメントを行ってはならない旨の方針を定め、その内容を社内に周知し、啓発する。なお、セクハラ、パワハラについては、個人事業主などのフリーランス、インターンシップを行っている者等の自社の従業員以外の者に対しても、ハラスメントを行ってはならないとの方針を明確にすることが望ましい

・社内報、パンフレット、社内ホームページ等に記載・配布し、広報・啓発する

・ハラスメント発生の原因や背景についても広報・啓発する

・研修、講習等を実施する

### ②行為者への厳正な対処方針の周知・啓発

（対応例）

・就業規則等に、ハラスメントを行った者は懲戒規定の適用対象となる旨を定め、周知する

| セクハラ | パワハラ | マタハラ |
|---|---|---|
| **❶事業主の方針の明確化およびその周知・啓発** | | |
| • 職場におけるセクハラの内容、セクハラを行ってはならない旨の方針を明確化し、管理監督者を含む労働者に周知・啓発すること<br>• セクハラの行為者については、厳正に対処する旨の方針・対処の内容を就業規則等の文書に規定し、管理監督者を含む労働者に周知・啓発すること | • 職場におけるパワハラの内容、パワハラを行ってはならない旨の方針を明確化し、管理監督者を含む労働者に周知・啓発すること<br>• パワハラの行為者については、厳正に対処する旨の方針・対処の内容を就業規則等の文書に規定し、管理監督者を含む労働者に周知・啓発すること | • 職場におけるマタハラの内容、妊娠・出産等への否定的な言動が職場におけるマタハラの発生の原因や背景となり得ること、マタハラを行ってはならない旨の方針の明確化、制度等の利用ができる旨を明確化し、管理監督者を含む労働者に周知・啓発すること<br>• マタハラの行為者については、厳正に対処する旨の方針・対処の内容を就業規則等の文書に規定し、管理監督者を含む労働者に周知・啓発すること |

**❷相談（苦情を含む）に応じ、適切に対応するために必要な体制の整備**

- 相談窓口をあらかじめ定め、労働者に周知すること
- 相談窓口担当者が内容や状況に応じ適切に対応できるようにすること。また、広く相談に対応すること

なお、セクハラに係る行為者が、他の事業主が雇用する労働者または他の事業主やその役員である場合には、必要に応じて、他の事業主に事実関係の確認への協力を求めることも含まれる

**❸職場におけるハラスメントに係る事後の迅速かつ適切な対応**

- 事実関係を迅速かつ正確に確認すること
- 事実確認ができた場合には、速やかに被害者に対する配慮のための措置を適正に行うこと
- 事実確認ができた場合には、行為者に対する措置を適正に行うこと
- 再発防止に向けた措置を講じること（事実が確認できなかった場合も同様）

**❹マタハラの原因や背景となる要因を解消するための措置**

- 業務体制の整備など、事業主や妊娠等した労働者その他の労働者の実情に応じ、必要な措置を講じること

**❺併せて講ずべき措置**

- 相談者・行為者等のプライバシーを保護するために必要な措置を講じ、周知すること
- 相談したこと、事実関係の確認に協力したこと、都道府県労働局に対して相談、紛争解決の援助を求め、もしくは調停の申請を行ったこと、または調停の出頭の求めに応じたことを理由として、解雇その他不利益な取扱いを行ってはならない旨を定め、労働者に周知・啓発すること

［注］派遣労働者については、雇用関係にある派遣元事業主はもちろん、派遣先事業主にも防止措置を講じることが義務づけられている（労働者派遣法40条1項、派遣先が講ずべき措置に関する指針第2の7）。

### ③相談（苦情を含む）に応じ、適切に対応するために必要な体制の整備

（対応例）

・社内または社外に相談窓口を設置し、周知する

・社内相談窓口を設置する場合は、相談窓口担当者をあらかじめ選任する

### ④相談に対する適切な対応

（対応例）

・相談窓口担当者が人事部門以外の場合には、相談の内容や状況に応じて、人事部門と連携を図る仕組みとする

・相談窓口担当者は相談対応マニュアルに基づき対応する

・相談窓口担当者に対する研修を実施する

・ハラスメントが現実に発生している場合だけでなく、その発生のおそ

れがある場合や、ハラスメントに該当するか否か微妙な場合であって
も、広く相談に対応する

・相談者の心身の状況や、当該言動が行われた際の受け止めなどの認識
にも配慮する


## ⑤迅速かつ正確な事実確認

（対応例）

・相談者および行為者の双方から事実関係を確認する

・相談者と行為者との間で事実関係に関する主張に不一致がある場合に
は、第三者からも事実関係を聴取する

・事実関係の確認が困難な場合などには、法に基づく調停の申請や、中
立的な第三者機関に紛争処理を委ねる


## ⑥被害者への適正な配慮措置

（対応例）

・ハラスメントが生じた事実が確認できた場合には、速やかに被害者に
対する配慮のための措置（配置転換、行為者の謝罪、被害者のメンタ
ルヘルス不調への相談対応等）を適正に行う

・中立的な第三者機関に紛争処理を委ねた場合は、第三者機関の解決案
に従った措置を被害者に対して行う


## ⑦行為者への適正な措置

（対応例）

・ハラスメントが生じた事実が確認できた場合は、行為者に対する措置
（懲戒処分、配置転換、行為者の謝罪等）を適正に行う

・中立的な第三者機関に紛争処理を委ねた場合は、第三者機関の解決案
に従った措置を行為者に対して行う

## ⑧再発防止措置の実施

### （ハラスメントの事実が確認できたかどうかを問わない）

（対応例）

・ハラスメントを行ってはならないこと、またハラスメントを行った者については厳正に対処する旨の方針を、社内報、パンフレット、社内ホームページ等で掲載し、配布することにより改めて周知する

・ハラスメントに関する意識を啓発するための研修、講習等を改めて実施する

## ⑨当事者などのプライバシー保護のための措置と周知

（対応例）

・相談者、行為者等のプライバシーを保護するために必要な措置を講じ、周知する。なお、このプライバシーには、性的指向・性自認や病歴、不妊治療等の機微な個人情報も含まれる

・相談者、行為者等のプライバシー保護のために必要な事項をマニュアルに定め、それに基づき対応する

・プライバシー保護のために、相談窓口担当者に必要な研修を行う

## ⑩不利益な取扱いの禁止と周知

（対応例）

・ハラスメントの相談をしたことや、事実関係の確認等に協力したこと、都道府県労働局に対して相談等を行ったことを理由として、解雇やその他の不利益な取扱いをされない旨を定め、周知する

【禁止される不利益な取扱いの例】

● 解雇

● 期間を定めて雇用される者の雇止め

● あらかじめ契約の更新回数の上限が明示されている場合における、

契約更新回数の引き下げ

- 退職の強要
- 正社員を非正規社員とするような契約内容変更の強要
- 降格
- 減給、または賞与等における不利益な算定
- 不利益な自宅待機命令
- 昇進・昇格の人事考課における不利益な査定
- 不利益な配置転換
- 仕事を与えないなど就業環境を害する行為

## ⑪原因・背景などの解消措置（マタハラ）

　マタハラについては、妊娠・出産・育児休業等により、どうしても周囲の従業員への負担が増えることや、そもそも休暇が取りづらいという職場の特徴等が背景にあることから、他のハラスメントと異なり、ハラスメント発生の原因や背景となる要因を解消するための措置を講じることが義務づけられています。

（対応例）

・妊娠等した労働者の周囲の労働者への業務の偏りを軽減するよう、適切に業務分担の見直しを行う
・業務の点検を行い、業務の効率化等を行う

## ［2］ セクハラに関する留意点

### (1)性別を問わない

　均等法は、従来、女性を対象としていましたが、前述のとおり、2006年の改正により、男性に対するセクハラも含むものとされ、2013年のセクハラ指針の改正により、同性間の言動もセクハラに該当し得ることが明示されました。そのため、例えば、以下のような言動もセクハラに該当し得ることとなります。

【例】
- 女性の上司が女性の部下の身体を触ったり、身体的特徴に言及する
- 男性同士で、婚姻や交際相手の有無をしつこく聞いたり、性的なうわさ話を流したりする

## (2)社外の者に対するセクハラ、社外からのセクハラ

　セクハラは社内のみで発生するものではありません。従業員が取引先などの社外の者に対してセクハラ行為をすることも、従業員が社外の者からセクハラ行為をされることもあります。均等法、セクハラ指針では、社外に対するセクハラ、社外からのセクハラについて、以下のとおり定めています。

### ▶社外に対するセクハラへの対応（努力義務）

　2019年の均等法の改正により、他の事業主から、セクハラに関する雇用管理上の措置の実施に関し必要な協力を求められた場合には、これに応じる努力義務が課されました。例えば、取引先の従業員に対するセクハラについて、自社の従業員に対するヒアリング等の調査協力を取引先から求められた場合には、これに応じるよう努力する必要があります。

　また、セクハラ指針では、他の事業主から、セクハラ行為に関する雇用管理上の措置への協力を求められたことを理由として、その事業主に対し、その事業主との契約を解除する等の不利益な取扱いをすることは望ましくないとしています。

### ▶社外からのセクハラへの対応（措置義務の一環）

　セクハラ指針では、取引先等の社外からのセクハラについて、必要に応じて、他の事業主に事実確認への協力を求めること、他の事業主に再発防止に向けた措置への協力を求めることの2点が定められており、事業主の措置義務の一環とされています。

## [3] パタハラの実態

　前述の令和2年度実態調査では、男性の育児休業等に関するハラスメント（以下、「パタハラ」といいます）が初めて調査項目に加えられました。過去5年間に勤務先で育児に関わる制度を利用しようとした男性労働者500人を対象に調査が行われ、その結果を見ると4人に1人（26.2%）がパタハラを受けたと回答しています。

　ハラスメントの内容としては、「上司による、制度等の利用の請求や制度等の利用を阻害する言動」が53.4%と最も多く、「同僚による、繰り返しまたは継続的に制度等の利用の請求や制度等の利用を阻害する言動」（33.6%）、「繰り返しまたは継続的な嫌がらせ等（嫌がらせ的な言動、業務に従事させない、もっぱら雑務に従事させる）」（26.7%）が続いています。

　また、パタハラを受けて利用を諦めた制度としては、「育児休業」が42.7%と最も多く、「育児のための残業免除、時間外労働の制限、深夜業の制限」（34.4%）が続いています。

　事業主は、育介法上の義務を適切に履行する必要があり、パタハラが発生しないよう、とりわけ管理職に対し同法の事業主の義務を周知徹底するなど、対策を講じる必要があります。

　性別を問わず、育児休業等の申し出・取得を理由に、事業主が解雇や退職強要、正社員からパートへの契約変更等の不利益な取扱いを行うことは禁止されています（育介法10条）。また、男性の育児休業の取得を進めるため、「産後パパ育休（出生時育児休業）」制度[※1]が新設されるなど、2021年6月に育介法が改正されたことから、上記の内容に加え、(自己または配偶者の) 妊娠・出産の申し出をしたこと、産後パパ育休の申

---

※1 「産後パパ育休（出生時育児休業）」とは、従来の育児休業とは別に、子の出生後8週間以内に4週間まで取得可能な育児休業です。

し出・取得、産後パパ育休期間中の就業を申し出・同意しなかったこと
等を理由とする不利益な取扱いも禁止されました。

　なお、厚生労働省が2022年7月29日に発表した「令和3年度雇用均等
基本調査」によると、男性の育児休業の取得率は過去最高の13.97％と
なっており、育介法の改正により、今後はさらに高い割合となることが
期待されます。

### ▶パタハラに該当するとされている例

　厚生労働省が公表している「育児・介護休業法　令和3年（2021年）
改正内容の解説」によれば、育介法の改正を踏まえ、以下の言動もハラ
スメントに該当するとされていますので、留意する必要があります。

---

- 産後パパ育休中の就業について、労働者が休業中の就業可能日等
  の申し出を行わない場合や、事業主が提示した日時で就業するこ
  とを労働者が同意しない場合に、上司等が解雇その他不利益な取
  扱いを示唆したり、嫌がらせをしたりすること
- 妊娠・出産の申し出をした労働者に対して個別周知・意向確認の
  ための措置を行う際、上司等が育児休業・産後パパ育休の利用を
  控えさせるような言動をすること
- 育休制度等を利用していない労働者に対し、育休等の取得率の向
  上等を目的として、当該制度の利用を強制するために、上司等が
  当該労働者に対して人格を否定するような言動をするなどの精神
  的な攻撃をすること

---

### ▶パタハラに関する裁判例

　男性従業員の育児休業を理由として、昇給させず、昇格試験を受験す
る機会を与えなかったことが育介法10条の不利益取扱いに該当すると判
断され、慰謝料等の請求が認められた裁判例があります。

裁判例 **医療法人稲門会事件　大阪高裁　平26. 7.18判決**

　男性看護師が３カ月の育児休業を取得したところ、それを理由として当該男性の職能給を昇給させず、昇格試験を受験する機会を与えなかったことが育介法10条の不利益取扱いに該当し、違法かどうかが争われた事案です。なお、この事案では、社内規程において、育児休業中は職能給の昇給を行わないという規定（以下、「本件規定」といいます）がありました。

　１審（京都地裁　平25. 9.24判決）は、職能給を昇給させなかったことは違法とはいえないとする一方で、正当な理由なく昇格試験を受験する機会を与えなかった行為は違法であるとして、慰謝料15万円の支払いを命じました。

　これに対し、控訴審では、昇格試験を受験する機会を与えなかったことのほか、職能給を昇給させないことについても不法行為の成立を認めました。具体的には、控訴審は、本件規定について、育児休業期間中の不就労の限度を超えて、育児休業取得者に無視できない経済的不利益を与え、育児休業の取得を抑制する働きをするものであるから、育介法10条の不利益取扱いに該当するとして、公序に反し無効と判示しました。そして、本件規定を根拠に昇給させなかったことは違法であるとして、慰謝料15万円のほか、昇給していれば得られたはずの給与および賞与と実際の支給額との差額相当の損害として８万9040円の支払いを命じました。

## ［４］SOGIハラスメントの防止も措置義務の一環に

　「SOGIハラスメント」（以下、「SOGIハラ」といいます）とは、LGBTQら性的少数者に対するハラスメントを指します。なお、"SOGI"とはSexual Orientation（性的指向：好きになる性）とGender Identity（性自認：自らが認識する性）の頭文字を取った略語で、「ソジ」と呼ばれます。

　性的少数者の権利擁護に向けた国内外の動きが著しいことを反映し、性的少数者に対するハラスメントがセクハラないしパワハラに該当する

旨、セクハラ指針およびパワハラ指針で定められました。

　すなわち、セクハラ指針では、「被害を受けた者の性的指向又は性自認にかかわらず、当該者に対する職場におけるセクシュアルハラスメントも、本指針の対象となる」との文言が追加され、性的少数者に対するセクハラ（SOGIハラ）もセクハラ指針の対象となることが明らかにされました。

　また、パワハラ指針では、SOGIハラについてもパワハラに該当すると位置づけています。すなわち、パワハラの類型の一つである「精神的な攻撃」の「人格を否定するような言動を行うこと」には、「相手の性的指向・性自認に関する侮辱的な言動を行うことを含む」ことが明記されました[2]。これについては、「労働施策の総合的な推進並びに労働者の雇用の安定及び職業生活の充実等に関する法律第8章の規定等の運用について」（令2．2.10　雇均発0210第1）により、相手の性的指向・性自認のいかんを問わないとされています。例えば、「あいつってゲイみたいで気持ち悪い」という発言は、対象となる従業員がゲイかどうかを問わず、パワハラに該当し得るものです。また、「一見、特定の相手に対する言動ではないように見えても、実際には特定の相手に対して行われていると客観的に認められる言動については、これに含まれる」とされており、必ずしも性的少数者の当事者に対し直接行った場合に限定されているわけではないことに留意する必要があります。

　加えて、パワハラ指針では、「個の侵害（私的なことに過度に立ち入

---

[2]　経済産業省の性同一性障害（Male to Female）である職員に対する女性用トイレ使用の制限等が問題となった訴訟において、東京高裁（令3．5.27判決）は、上司の「なかなか手術を受けないんだったら、もう男に戻ってはどうか」との発言が性自認を否定するものとして違法と判断しました。なお、上記東京高裁では、女性用トイレの使用を制限した人事院の判定の違法性を否定しましたが、最高裁（令5．7.11判決）は違法と判断しました。

ること）」の例として、「労働者の性的指向・性自認や病歴、不妊治療等の機微な個人情報について、当該労働者の了解を得ずに他の労働者に暴露すること」（いわゆるアウティング※3）が挙げられ、措置義務の一環とされる「プライバシー保護」の範囲には、SOGIも含まれるとされています。なお、パワハラ指針では、パワハラに該当しない例として、「労働者の了解を得て、当該労働者の性的指向・性自認や病歴、不妊治療等の機微な個人情報について、必要な範囲で人事労務部門の担当者に伝達し、配慮を促すこと」が挙げられていますが、誰に、どのように開示するかについて、当事者に慎重に確認する必要があります。

　このように、事業主は、SOGIハラについても、セクハラ指針およびパワハラ指針に沿い、その発生を防止する措置を講じる義務を負っています。

## ［5］カスタマーハラスメント防止のための取り組み

　社外の第三者からのパワハラについて、事業主は措置義務を負うものではありませんが、パワハラ指針では、カスタマーハラスメント防止のため、事業主は以下の取り組みを行うことが望ましいと定められました。

【望ましいとされる取り組み】
①相談に応じ、適切に対応するために必要な体制の整備
②被害者への配慮のための取り組み
　（取り組み例）
　　事案の内容や状況に応じ、被害者のメンタルヘルス不調への相談対応、著しい迷惑行為を行った者に対する対応が必要な場合に

---

※3　アウティングについて、一橋大学法科大学院の学生が同級生に性的指向を暴露され、転落死した事件の東京高裁判決（令2.11.25判決）では、「人格権ないしプライバシー権などを著しく侵害する許されない行為」と判示しています。

> 1人で対応させない等の取り組みを行うこと
> ③カスタマーハラスメント防止のための取り組み（対応マニュアル
> 　の作成や研修の実施など）

　事業主は従業員に対し安全配慮義務（労契法5条）を負っており、適切な対応をとらない場合には損害賠償責任を負うリスクがありますので、パワハラと同様に、防止に向けた積極的な取り組みを行うべきです。

　なお、厚生労働省は、「カスタマーハラスメント対策企業マニュアル」を策定し、企業が取り組むべき対策について解説しているので、対策を検討する上で参考になります。

**裁判例　甲府市・山梨県（市立小学校教諭）事件　甲府地裁　平30.11.13判決**

　市立小学校の教諭が教え子の自宅を訪問した際に飼い犬に咬まれたことについて、当該児童の父および祖父と面談した際、当該児童の父と祖父の言動や当該教諭に対する謝罪の要求が理不尽なものであったにもかかわらず、校長が当該教諭に対し、その場で謝罪するよう求め、何ら理由のない謝罪を強いた上、翌朝に当該教諭に当該児童宅を訪問し、当該児童の母に謝罪するよう指示した事案です。

　裁判所は、当該教諭が犬に咬まれた被害者であり、謝罪すべき理由がないのであるから、謝罪することに納得できないことは当然であり、校長は、当該児童の父と祖父の理不尽な要求に対し、事実関係を冷静に判断して的確に対応することなく、その勢いに押され、専らその場を穏便に収めるために安易に行動したとして、職務上の優越性を背景とし、職務上の指導等として社会通念上許容される範囲を明らかに逸脱した当該教諭に対するパワハラであり、不法行為を構成すると判断しました。

## ❷ 措置義務に違反したことによる事業主の法的リスク

### ［1］ 法令に基づく制裁

　前述のとおり、セクハラ、マタハラ、パワハラのそれぞれについて、各法令により、事業主にハラスメントを防止するための措置義務が課されています。この措置義務に違反した場合には、厚生労働大臣の指導・勧告を受けることになり、それに従わない場合には企業名が公表されるおそれがあります。

　実際に、厚生労働省は2015年9月、妊娠を理由に女性労働者を解雇し、解雇を撤回しなかったという事案について、均等法に基づく厚生労働大臣の勧告に従わなかったとして、初めて企業名と違反の事実を公表しました。

### ［2］ 民事訴訟等の法的リスク

　措置義務は国が事業主に課した公法上の義務であり、従業員と事業主との関係を直接規律するものではなく、措置義務違反イコール事業主の損害賠償責任発生ということではありません。しかし、措置義務を履行していることは、事業主の損害賠償責任を免れさせる重要な考慮要素となります。

　すなわち、事業主は、従業員に対して、職場の環境に配慮する義務（職場環境配慮義務）を負っています。そのため、従業員によるハラスメントが発生した場合(またはハラスメント発生が疑われた場合)、事業主は、その被害者である従業員に対し、職場環境配慮義務違反に基づく損害賠償責任（民法415条、709条）を負う可能性があります。しかし、事業主がハラスメントを防止するための措置を十分に実施し、ハラスメント発生後においても、迅速に調査や事実関係の確認をし、再発防止策を講じていることは、事業主が職場環境に配慮したことを示す事情に該当します。このように、措置義務と事業主の損害賠償責任は実質的に結びついているといえます。

　多くの企業では、措置義務の一環として、ハラスメントを禁止する就業規則等を定めたり、相談窓口を設置したりするなどの対応をしています。しかし、これまで紹介してきた令和2年度実態調査の結果からは、ハラスメントに関する社内規程や相談窓口が社内で周知され、実質的に機能しているのか、ハラスメントが発生し調査が必要な場合の手順が明確になっているのか、相談窓口の担当者が適切な対応を行っているのか、ハラスメントをした従業員の懲戒処分の手続き・内容が適切なのかなど、実務上多くの課題が残されていることがうかがえます。

　相談窓口の担当者の初動対応やその後の調査のやり方次第で、本来円満に解決できる可能性のあった案件がこじれてしまい、会社が損害賠償責任を負うこともあります。とりわけ、ハラスメントにより被害者が精神疾患となったり、休職や退職を余儀なくされたりした場合には、再就職までにかかる期間の賃金相当額の損害賠償や慰謝料が認められることもあり、レピュテーションの問題だけでなく、経済的負担も大きくなることがあります。

> **裁判例** **P社ほか（セクハラ）事件　大阪地裁　令2．2.21判決**
>
> 　女性従業員から上司によるセクハラ被害の申告がなされ、社内調査や再発防止のための措置の説明等を求められたのに対し、会社がこれに対応しなかったことにより、当該女性従業員が出社できず、退職するに至った事案です。
>
> 　裁判所は、セクハラ被害の申告に対し、使用者として採るべき事実関係の調査等の方策を怠ったとして、職場環境整備義務に違反したと判示し、退職を余儀なくされたことによる損害として3カ月分の賃金相当額および出社できなかった期間の賃金の支払い等を命じました。

　また、多くの企業では、就業規則の「服務規律」などによりハラスメントを禁止しており、ハラスメントをした従業員は、就業規則に違反するものとして、懲戒処分の対象となります。昨今は、ハラスメントを理

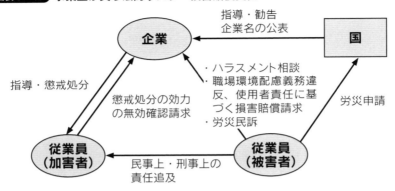

**図表1-11 事業主が負う法的リスク・損害賠償責任**

由として懲戒処分された従業員が、懲戒処分の手続きや処分内容が不適切であったとして、懲戒処分の無効を主張して訴訟を提起し、判決で懲戒処分の効力が否定される事案も見受けられます。ハラスメント事案の対応は、被害者のみならず、行為者とされた従業員に対しても、企業が慎重かつ適切に対応しなければ、双方から法的な責任追及がなされるリスクをはらむものです [**図表1-11**]。

## [3] 労災補償責任

　ハラスメントによりうつ病などの精神疾患となった従業員が労働者災害補償（労災補償）を申請することがあります。労災補償は、事業主の故意過失を問わず、定型化された一定の補償がなされるものであり、被害者の損害すべてをカバーするものではなく、精神的損害（慰謝料）も含まれていないことから、労災補償でカバーされない損害を求めて、被害を受けた従業員が会社に対し、損害賠償を請求することもあります（いわゆる労災民訴）。

## [4] パワハラ防止法施行に伴う労災認定基準の改正

　厚生労働省は、「心理的負荷による精神障害の認定基準」（平23.12.26

基発1226第1、最終改正：令2．8.21　基発0821第4。以下、「認定基準」といいます）を策定しています。認定基準では、業務による心理的負荷が生じると考えられる出来事を心理的負荷評価表で具体的に分類し、それらの平均的な心理的負荷の強度をランク付けした上で、心理的負荷を「強」と総合評価した場合に、労災と認定します。

　パワハラ防止法の施行以前においては、認定基準でパワハラの用語は用いておらず、パワハラに該当する事案については、心理的負荷評価表の「（ひどい）嫌がらせ、いじめ、又は暴行を受けた」という具体的出来事として評価していました。パワハラ防止法の施行に伴い、従来から設定されていたセクハラの類型に加え、心理的負荷評価表において、新たに「パワーハラスメント」の類型を新設するなどの改正がなされました。これにより、パワハラによる精神疾患が労災と認められやすくなったといえます。

　なお、主な改正ポイントは以下のとおりです。

①「具体的出来事」として上司等※からのパワハラを追加
【心理的負荷が「強」とされるパワハラの例】
- 上司等から、治療を要する程度の暴行等の身体的攻撃を受けた場合
- 上司等から、暴行等の身体的攻撃を執拗に受けた場合
- 上司等による、人格や人間性を否定するような、業務上明らかに必要性がない精神的攻撃が執拗に行われた場合
- 心理的負荷としては「中」程度の精神的攻撃等を受け、会社に相談しても適切な対応がなく、改善されなかった場合

※「上司等」には、職務上の地位が上位の者のほか、同僚または部下であっても、業務上必要な知識や豊富な経験を有しており、その者の協力が得られなければ業務の円滑な遂行を行うことが困難な場合、同僚または部下からの集団による行為で、これに抵抗または拒絶することが困難である場合を含むとされています。

②パワハラに当たらない暴行やいじめ等について文言を修正
…パワハラに該当しない優越性のない同僚間の暴行やいじめ、嫌がらせ等を評価する項目として位置づける
【心理的負荷が「強」とされる同僚等からの暴行やいじめの例】
• 同僚等から、治療を要する程度の暴行等を受けた場合
• 同僚等から、人格や人間性を否定するような言動を執拗に受けた場合
• 心理的負荷としては「中」程度の暴行またはいじめ・嫌がらせを受け、会社に相談しても適切な対応がなく、改善されなかった場合

　厚生労働省が公表した「過労死等の労災補償状況」（令和4年度）によれば、精神障害に関する事案の支給決定（労災認定）件数（710件）のうち、最も多かった類型は「パワーハラスメントを受けた」（147件）となっています。また、「パワーハラスメントを受けた」（147件）に、「同僚等から、暴行又は（ひどい）いじめ・嫌がらせを受けた」（73件）、「セクシュアルハラスメントを受けた」（66件）を加えれば、ハラスメント関係での支給決定（労災認定）が全体の約4割に上ります。
　ハラスメントによる労災認定については、昨今、社会的な関心が高く、メディアで報道されることもあり、レピュテーションリスクを伴います。
　なお、2023年7月に厚生労働省の「精神障害の労災認定の基準に関する専門検討会」が取りまとめた報告書を踏まえ、同年秋以降には上記認定基準が改正される見込みです。報告書では、カスタマーハラスメントを心理的負荷評価表に追加することや、パワハラの6類型すべてについて、心理的負荷の強度の具体例を明記すること等が提言されています。

## ［5］SOGIハラの労災認定
　2022年に、トランスジェンダーの従業員が性自認や性的指向について

上司から侮蔑的な発言をされ、うつ病を発症し休職に追い込まれたとして、労災認定されたとの報道がなされました。

　朝日新聞の報道（2022年11月11日付朝刊）によれば、従業員が戸籍上は男性だが、性自認は女性であると会社に伝えたにもかかわらず、上司が従業員を「彼」と呼び、従業員がやめてほしいと伝えても聞かず、上司が「性別変更できるんだから、できてから、それは言いなさい」「女性らしいと見られたいのであれば、やっぱりそういう細やかな、心遣いっていうのも、必要なんじゃないか」などと発言し、かかる言動について、労働基準監督署は、上司から人格を否定する精神的攻撃が執拗に行われたと認め、労災を認定したとのことです。

# 第 2 章

# ハラスメント
# 相談窓口の設置

# 1 ハラスメント相談窓口の設置状況

　第1章でも紹介した令和2年度実態調査によると、ハラスメント相談窓口を設置している企業のうち、相談窓口を「社内のみに設置している」が63.8%、「社内と社外の両方に設置している」が33.3%、「社外のみに設置している」が2.9%です[**図表2−1**]。従業員規模が大きいほど、「社内のみに設置している」の割合が低くなり、「社内と社外の両方に設置している」の割合が高くなっています。この調査結果から、ハラスメントの相談窓口については、社内のみに設置しているか、社内および社外いずれも設置するケースが大半を占めていることが分かります。

　以下では、社内の相談窓口に関し、事業主の措置義務の一つである「相談（苦情を含む）に応じ、適切に対応するために必要な体制の整備」を

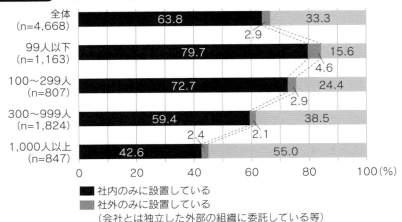

**図表2−1** ハラスメント相談窓口の設置状況（従業員規模別）

（対象：ハラスメントの予防・解決のため"相談窓口の設置と周知"をしていると回答した企業〔n=4,688〕）

資料出所：厚生労働省「令和2年度　職場のハラスメントに関する実態調査」

履行するための留意点について、説明します。

# 2 内部相談窓口の体制

　内部相談窓口の体制を整備する際に留意すべきなのは、従業員にとって、どうすれば敷居が低く利用しやすいものになるかという点です。内部相談窓口を設置したとしても、利用されなければ措置義務を果たしたことにはなりません。そのため、できる限り利用しやすいものとすべく、以下の点に留意し、対象とする相談内容、利用対象者、担当部門、担当者、相談フローなどの体制を検討する必要があります。

## ■ 相談窓口が対応する相談内容
### ［1］ ハラスメントの種類を問わない

　パワハラ指針、セクハラ指針、およびマタハラ指針（以下、併せて「指針」といいます）では、ハラスメントの種類を問わず、一元的に相談に応じることのできる体制を整えることが望ましいとしています。セクハラとマタハラ、セクハラとパワハラなど、複数のハラスメントが重畳して発生することも多く、また、一見、セクハラが問題とみられる場合においてもパワハラ的な職場環境が影響している場合などがあるからです。ハラスメントごとに分類して相談窓口を設けた場合、従業員が相談を躊躇するおそれがあることから、ハラスメントの種類を問わず、広く相談対象とすべきです。

### ［2］ 公益通報受付窓口との関係について

　ハラスメント相談窓口の設置は会社の規模にかかわらず義務づけられているものですが、300人超の従業員を有する会社の場合、公益通報者

保護法に基づく公益通報受付窓口の設置も義務づけられています（300人以下は努力義務）。公益通報受付窓口でハラスメントの相談窓口を兼ねることも問題なく、そのようにしている会社は多くあります。公益通報受付窓口、ハラスメント相談窓口のいずれも、問題の早期発見、迅速な対応、通報者（相談者）に対する不利益な取扱いの防止、再発防止策の構築という主目的については共通しており、事後対応についても大きな違いはないため、窓口を一元化するか、多元化するかは各会社の規模、相談件数などの実情に応じて決めてよいと考えられます。

　もっとも、公益通報者保護法の通報対象事実は、①一定の対象となる法律に違反する犯罪行為もしくは過料対象行為、②最終的に刑罰もしくは過料につながる行為に限定されています。これに対し、パワハラはパワハラ防止法、セクハラは均等法、マタハラは育介法でそれぞれ規定されていますが、これらの法違反は必ずしも①犯罪行為もしくは過料対象行為または②最終的に刑罰もしくは過料につながる法令違反行為ではないことから、これらの法違反に関する通報は公益通報の対象に該当せず、公益通報者保護法が適用されない場合もあります（なお、ハラスメントが暴行・脅迫や強制わいせつなどの犯罪行為に該当する場合には、同法が適用されます）。

　なお、消費者庁による平成28年度の「民間事業者における内部通報制度の実態調査報告書」によれば、通報窓口に寄せられた通報の内容としては、「職場環境を害する行為（パワハラ、セクハラなど）」が55.0％と最も多くなっています。

## ［３］ハラスメントの発生を要件としない

　就業規則等でハラスメントを禁止している場合においても、当該言動がハラスメントに該当するかどうかの判断は容易ではありません。しかし、明確にハラスメントに該当するとはいえない状況であるとしても、その状況を放置することによりハラスメントが発生する可能性がありま

す。そのため、「これはハラスメントとまではいえないかもしれない」などと従業員が相談窓口への相談をためらうことがないよう、相談窓口は、必ずしもハラスメントが発生している場合に限らず、発生のおそれがある場合も含めて広く相談を受け付けるべきです。

　例えば、「上司から、容姿やプライベートについていじられてつらい」という相談について、「単なるコミュニケーションの問題であり、ハラスメントではない」と切り捨てるべきではありません。たとえ悪意がない言動であったとしても、受け手が不快に感じているのであれば、ハラスメントに該当し得るものであるか、少なくとも、放置すれば就業環境を害するものとして、ハラスメントに発展するおそれがあるといえます。

　指針では、事業主が相談に適切に対応するための体制整備として、ハラスメントが現実に発生している場合だけでなく、以下のような、その発生のおそれがある場合や、ハラスメントに該当するか否か微妙な場合であっても、広く相談に応じ、適切な対応を行うよう定めています。

---

- 放置することにより、就業環境を害するおそれがある場合
- 労働者同士のコミュニケーションの希薄化などの職場環境の問題が原因や背景となって、パワハラが生じるおそれがある場合
- 性別役割分担意識に基づく言動（例：「お茶出しは女性がやるべき」「男性は一家の大黒柱となるべき」）が原因や背景となって、セクハラが生じるおそれがある場合
- 妊娠、出産等に関する否定的な言動が原因や背景となって、職場における妊娠、出産等に関するハラスメントが生じるおそれがある場合

---

## ［4］自社の社員のハラスメントに限定しない

　社外の第三者からのハラスメントについて、セクハラの場合は指針により雇用管理上の措置の対象となり得るとされている一方で、パワハラ

の場合は、かかる措置の対象とされていません。しかし、**第1章**で述べたとおり、パワハラ指針では、社外の第三者（例えば、業務委託における受託者）からのハラスメントについても、社員の相談に応じ、適切に対応するために必要な相談体制などの整備を行うこと等が望ましいとしています。また、会社は自社の社員に対し安全配慮義務を負っていますので、社外の第三者が自社の社員にハラスメントをした場合、適切に対応しないことにより損害賠償義務を負うこともあります。

　以上に鑑みれば、自社の社員のハラスメントに限定せず、社外の第三者からのハラスメントについても、相談窓口の対象とすることが望ましいといえます。

## 2 守秘義務と不利益取扱いの禁止の徹底

　社内の相談窓口が利用しづらいと感じる要因の一つは、相談内容が社内に知れ渡ってしまうのではないか、それにより業務上の不利益が発生するのではないか、という懸念にあります。相談窓口という制度そのものに対する信頼を確保するためには、①守秘義務（相談内容の共有範囲の限定）、②相談窓口を利用することによる不利益取扱いの禁止を徹底し、従業員に周知することが必要です。この2点については、社内規程に定めている会社も多いと思いますが、それだけでなく、従業員に対して相談窓口に関する研修を行い、その都度、重点的に説明するなど、会社として守秘義務と不利益取扱いの禁止に真摯に取り組んでいる姿勢を示すことで、信頼を得ていく必要があります。

　守秘義務については、例えば、相談担当者しか閲覧できない相談用メールアドレスの設定、専門の相談室または社外会議室の利用などが挙げられます。また、不利益取扱いの禁止については、相談後1カ月、3カ月など、相談者の状況を確認するための面談機会を設け、不利益取扱いを受けていないかどうか、状況を確認することも考えられます。

## ❸ 匿名相談の受付

　匿名での相談を受け付けるか否かは、それによるメリット、デメリットを考慮して決める必要があります。デメリットとしては、匿名での相談を受け付けることにより、根拠薄弱な相談が増えて対応が困難となるおそれがあること、事案の確認に限界があり、実効的な調査につながらない可能性があることが挙げられます。他方で、匿名相談を受け付けることで、相談者が相談による不利益を懸念せずに相談窓口を利用することができるようになり、ハラスメントやその発生のおそれを早期に探知することにもつながり、相談窓口の実効性を確保できるというメリットがあります。また、相談者が必ずしもハラスメントの被害者であるとは限らず、ハラスメントの被害を見聞きしている従業員である場合もあり、その場合には、被害を受けているという従業員にコンタクトし、事実関係等を確認することができますので、相談者が匿名であったとしても、事案の確認や調査に特に支障はありません。

　以上に鑑みれば、匿名相談も含め、できる限り幅広く相談を受け付けることが望ましいといえます。匿名相談を受け付けないとしても、相談窓口への相談に際しては氏名を明らかにした上で、相談者が希望する場合には、相談窓口から会社に対する報告では匿名とすることを許容すべきと考えます。

## ❹ 相談窓口の利用対象者

　相談窓口の利用対象者は、事業主が雇用するすべての従業員（いわゆる正社員だけでなく、契約社員、パート社員、派遣社員などの非正規従業員も含みます）のほか、グループ会社の従業員および役員、退職者を含めることも考えられます。退職者を含める場合、相談窓口の業務負荷を考慮し、退職後一定期間内に限定してもよいでしょう。なお、2020年の公益通報者保護法の改正（2022年6月施行）により、同法で保護される「通報者」の範囲が拡大され、労働者だけでなく、役員および退職者

（退職後1年以内）が追加されたので、それに合わせることも考えられます。

　さらに進んで、事業主が雇用する従業員以外の者（他の事業主が雇用する従業員、就職活動中の学生、インターンシップ中の学生、取引先の個人事業主など）も利用対象に含めるかどうかについては、リスクマネジメントと業務負荷とのバランスを考慮する必要があるものの、検討に値します。

　雇用関係にない以上、ハラスメント防止措置義務を負うものではありませんが、自社の従業員が第三者にハラスメントをした場合には、使用者責任（民法715条）に基づき事業主も損害賠償責任を問われる可能性があります。早期のリスク認識という観点からは、上記の第三者からの情報取得も有用です。

　この点、パワハラ指針は、昨今、いわゆるカスタマーハラスメントが社会問題化していることを踏まえ、他の事業主が雇用する従業員や個人事業主、インターンシップを行っている者等の従業員以外の者に対してもハラスメントを行ってはならない旨の方針を明確にし、これらの者からハラスメントに類する相談があった場合には、必要に応じて適切な対応をすることが望ましいとしています。

　また、2023年4月に成立したいわゆるフリーランス新法（正式名称は「特定受託事業者に係る取引の適正化等に関する法律」）では、フリーランス（業務委託の相手方である事業者であって、従業員を使用しない者）と取引をする事業者（ただし従業員を使用する者）に対し、フリーランスがハラスメントを受けることにより、働く環境を害されたり、業務委託の条件で不利益を受けたりすることのないよう、フリーランスからの相談に応じ、適切に対応するための体制整備などを行う義務を課しています。フリーランス新法の施行は、公布日である2023年5月12日から1年半以内とされており、今後指針が公表される予定です。フリーランスに業務委託する事業者は、フリーランス新法の施行に向け、相談窓口の

利用対象者を社外にも広げることを検討する必要があります。

　なお、2022年5月25日に、東京地裁において、フリーライターへのセクハラについて企業の安全配慮義務違反を認めた判決が下されました。フリーランス新法の施行により、フリーランスと取引をする企業の安全配慮義務違反の判断に際し、同法が定める上記のハラスメント相談体制整備等の義務履行の状況が考慮されると思われます。

> **裁判例　アムールほか事件　東京地裁　令4.5.25判決**
>
> 　エステティックサロンを経営する会社との間で、ウェブサイトの運用等に係る業務委託契約を締結したフリーライターの女性が、未払い報酬の支払いを求めるとともに、会社および会社の代表者に対し、代表者からハラスメント行為を受けたと主張し、損害賠償の支払いを求めた事案です。
>
> 　裁判所は、代表者の女性に対する一連の言動（性的な発言をしたり、下腹部を触ったりしたこと等）について、性的自由を侵害するセクハラ行為に当たると認定したうえ、業務委託契約に基づく報酬の支払いを正当な理由なく拒むことはパワハラ行為に当たると認定しました。また、女性は、会社の指揮監督の下で労務を提供する立場にあったものであり、会社は、女性がその生命、身体等の安全を確保しつつ労務を提供することができるよう必要な配慮をすべき信義則上の義務を負っていたというべきであるが、代表者自身によるセクハラ行為およびパワハラ行為により当該義務に違反したとして、会社および代表者に対し、慰謝料140万円および弁護士費用10万円の支払いを命じました。

## 5 相談窓口担当部門と担当者

　相談窓口担当部門および担当者をどうするかは、従業員が抵抗感なく相談窓口を利用できるかどうかという観点から検討すべきです。担当者が社内事情に左右される立場にないという中立性を強調するためには、相談窓口の担当部門としては、コンプライアンス部門や内部監査部門な

どの通常の業務ラインとは独立した部門が望ましいといえます。

　しかし、事業規模からして困難である場合には、人事部や総務部などの部門とすることでも問題ありません。ただし、人事関連部門を相談窓口担当部門とする場合には、相談することにより人事評価に影響しないかなどの懸念を払拭するため、相談窓口担当としての役割が通常の業務とは全く別であること、相談を理由とした不利益取扱いは行われないことを十分に周知し、実際上も徹底する必要があります。

　また、相談窓口の担当部門に所属する従業員がハラスメントをした場合や、行為者の上司に当たるなどの利害関係を有する場合には、社外取締役や監査役を担当者とする別のルートで相談対応できるようにしておくことが望ましいでしょう。

　なお、厚生労働省の「パワーハラスメント対策導入マニュアル（第4版）」にある「参考資料9　パワーハラスメント　社内相談窓口の設置と運用のポイント（第4版）」では、企業内の内部相談窓口担当者として以下の例を挙げています。これらの例を参考に、会社の体制や実情に応じて、相談窓口の担当部門を検討しましょう。

---

【内部相談窓口担当者の例】
- 管理職や従業員を相談員として選任
- 人事労務担当部門
- コンプライアンス担当部門／監査部門／人権（啓発）部門／法務部門
- 社内の診察機関、産業医、カウンセラー
- 労働組合

---

　また、さまざまな年齢・役職の従業員から相談がなされる可能性があることから、相談窓口担当者は、役職付きの責任者も含めて少なくとも2〜3人は必要であり、セクハラやマタハラの相談を受ける場合も考慮すると、男女両方を配置することが望ましいと考えます。

## ⑥ 相談窓口担当者の教育・研修

　相談窓口を設置したとしても、相談窓口担当者の対応が不適切である場合には、相談窓口の利用低下を招来するほか、その対応自体が企業の不法行為とされることがあります。

　このような事態を避け、相談窓口担当者が適切な対応をするためには、相談者から信頼を得て必要な情報を収集するための電話や面談のスキル、ハラスメントの定義や判断基準、関連法令に関する知識の習得が必要です。昨今、相談窓口担当者を対象とする研修は、対面のほか、オンラインでも多数開催されているので、それらを利用することが考えられます。講師が相談者となり、受講者が相談を受けるというロールプレイを組み込んでいるものもあり、実践的なスキルの習得として有用です。

## ⑦ 相談窓口担当者の職責

　相談窓口担当者の職責については、事業規模や従業員数などから見込まれる相談件数などを考慮して決める必要があります。相談窓口担当者が一次的な受付と相談概要のヒアリングのみを行うか、事実関係の調査まで行うかによって、相談窓口担当者の負荷は大きく異なります。相談窓口担当者は、自身が属する部署の業務を主として行っていることから、事実関係の調査まで含む場合、事案によっては荷が重すぎることもあると思われます。

　グループ会社において、親会社のハラスメント相談窓口が子会社従業員からの相談にも対応することとしている場合や、企業の規模に鑑みて一定の相談件数が見込まれる場合には、相談窓口担当者は一次的な受付のみを行い、事実関係の調査については別の部署（親会社が子会社に関する相談を受けた場合は当該子会社のコンプライアンス部門など）や外部の弁護士などに担当させることでもよいでしょう。

　なお、親会社の相談窓口が子会社の従業員からの相談も受け付ける場合、子会社に事実関係の調査を行わせること自体は問題ありませんが、

調査やその後の対応について子会社に丸投げするべきではありません。あらかじめ子会社との情報共有や子会社の親会社に対する報告、子会社から報告を受けた調査結果の検証などの体制を整備しておくべきです。事案によっては、子会社の調査が不十分である場合に再調査を指示するなどの義務を親会社が負う場合もあり、このような義務を怠った場合には、直接の雇用関係にはないものの、相談者に対して損害賠償責任を負うリスクがあります。

> **裁判例 イビデン事件　最高裁一小　平30.2.15判決**
>
> 　子会社の従業員間におけるセクハラの事案で、子会社の従業員（被害者ではない第三者）から相談を受けた親会社の相談窓口が子会社に指示し、行為者とされた従業員その他の関係者のヒアリングを行わせたが、子会社から事実関係は確認できなかったとの報告を受けたことから、被害者に対する事実確認は行わなかったことについて、親会社の義務違反の有無が問題となりました。
>
> 　最高裁は、<u>親会社の相談窓口においては、グループ会社の事業場内で就労した際に、法令等違反行為によって被害を受けた従業員等が相談の申し出をすれば、相応の対応をするよう努めることが想定されていたとし、申し出の具体的状況いかんによっては、相談者に対し、相談の内容等に応じて適切に対応すべき信義則上の義務を負う場合がある</u>と判示しました。
>
> 　ただし、本件の結論としては、被害者がすでに退職して相当の期間が経過しており、かつ事業場外の出来事であったことから、信義則上の義務違反を否定しました。

# 3 産業医、カウンセラーなどとの連携

　相談者と直接コンタクトする相談窓口は、相談者の健康状態を確認できる立場にありますので、相談者の健康状態に懸念があれば、必要な対応をとるべきです。ハラスメントにより精神疾患を発症する場合も多いことから、相談対応の際に精神疾患の発症やそのおそれを探知した場合には、産業医やカウンセラーに引き継ぎ、医学的見地から助言をもらい、それに基づき業務負担の軽減や休職制度の利用などを検討する必要があります。逆に、従業員と面談した産業医やカウンセラーが相談窓口に相談するよう助言することもできるようにすべきです。このように、相談窓口と産業医・カウンセラーのスムーズな連携体制が従業員のメンタルヘルスケアとして望ましく、かかる体制を整備することで相談者に安心感を与え、相談窓口の活用にもつながります。

# 第3章

# 事案が生じた場合の
# 初期対応

# 1 相談受付を起点とする対応の流れ

　一般的に、相談者は、相談から解決までどの程度の期間がかかるのか、会社はいつどのように対応してくれるのかに関心を有していますので、以下の3点を含む対応フローを作成し、初回相談時に相談者に提示・説明しましょう。

- 相談受付後、相談担当部署に報告し、相談に対する対応を決定するまでにかかる原則的な期間
- 調査に着手する場合の調査にかかる原則的な期間
- 相談者に対する最終的な報告までにかかる原則的な期間

　[図表3-1]は、相談窓口への相談がなされた後の対応フローの一例です。相談窓口の担当部門、事実関係の調査や懲戒手続きの担当部門は、会社によって異なりますので、それぞれの就業規則や規程に合わせて作成する必要があります。

　ケースによっては、原則的な期間内に収まらない場合もあると思いますが、その場合には、相談者に対し、原則的な期間を過ぎる可能性があることをあらかじめ伝えるとともに、中間報告により進捗を知らせることが望ましいといえます。報告がないことに不安を感じた相談者からの連絡を受けて、初めて進捗を報告することは、相談者との信頼関係維持の点から好ましくありません。

**図表3－1** 相談受付後の対応フロー（例）

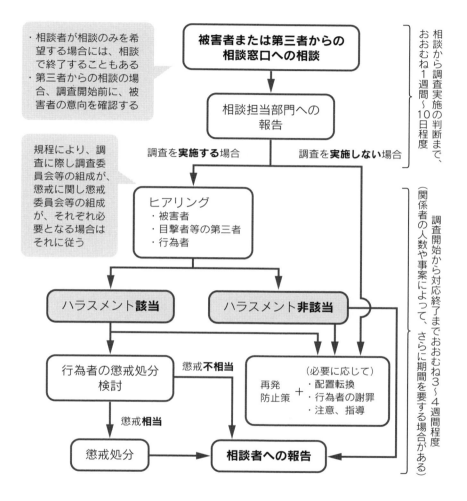

# 2 初回相談時にすべきこと

## 1 基本的な確認事項

　初回相談時における基本的な確認事項は以下のとおりです。相談者の同意が得られる範囲で確認しましょう。

- 相談の内容（具体的な事実関係）
- 相談内容を裏づける証拠の有無
- 相談者の業務状況、健康状態
- 相談者の会社に対する希望
- 今後の連絡の方法、手段

　以下、上記の基本的な確認事項について、留意すべき点を説明します。

## [1] 相談の内容について

　**第2章**でも述べたとおり、ハラスメントを未然に防止するため、ハラスメントが実際に発生している場合だけでなく、その発生のおそれがある場合や、ハラスメントかどうか微妙な場合であっても、相談を受け付け、適切に対応する必要があります。

　各ハラスメントには、ハラスメントの発生につながる背景や職場環境があり、その背景や職場環境を放置すると、ハラスメントに発展するおそれがあります。例えば、セクハラの背景には、性別役割分担の意識が、パワハラの背景には、従業員同士のコミュニケーションの希薄化が、マタハラの背景には、妊娠・出産、育児休業や不妊治療に関する否定的な言動が頻繁になされる職場環境が、それぞれ存在することが多く見られます。このような各ハラスメントが発生する背景や職場環境についても理解し、解消することがハラスメントの防止にとって極めて重要です。

　相談者の話を聞いて、ハラスメントに当たらないとか、個人間の問題であり、会社が対応すべき事案ではないなどと軽々に判断し、相談を打ち切ることのないようにすべきです。以下のような場合においても、相談の内容や状況に応じて、会社として職場環境の是正に向けて対応する必要がありますので、相談者を取り巻く職場環境についても具体的に聞くようにしましょう。

---

【セクハラ】

• 放置すれば就業環境を害するようなおそれがある場合

　　例：卑猥な冗談やからかいを認容する雰囲気がある場合

• 性別役割分担意識に基づく言動が原因や背景となってセクハラが生じるおそれがある場合

　　例：「女性は結婚して出産するべきだ」「男性のくせに根性がない」
　　　　等の発言がなされている場合

【パワハラ】

• 放置すれば就業環境を害するようなおそれがある場合

　　例：上司の指示指導が威圧的であり、部下が萎縮している場合

• 職場環境の問題が原因や背景となってパワハラが生じるおそれがある場合

　　例：従業員間のコミュニケーションが希薄化し、気軽に相談できない状況である場合

【マタハラ】

• 妊娠・出産、育児休業や不妊治療に関する否定的な言動が頻繁になされる職場環境である場合

　　例：不妊治療をしている従業員について、「突然休んで困る」「いつまで続けるつもりか」等の会話が他の従業員間でなされている場合

---

## [2] 証拠の提出

　相談者の相談内容を裏づける証拠（録音データ、メール、日記やメモ等）があれば、提出してもらうよう伝えます。電話やメールで相談窓口に連絡があった場合には、面談時までにこれらを持参してもらうのがよいでしょう。

　ハラスメント発言の録音データ、ハラスメントを受けた後に友人等に相談したメールやその都度つけていた日記・メモは、ハラスメントの事実認定に際し重要な証拠となりますので、速やかに提出してもらい、写しを取って保存します。

## [3] 相談者の業務状況・健康状態

　ハラスメント事案、特にパワハラの事案では、過重労働とパワハラが相まって健康を損ね、最悪の場合には自殺に至る可能性もあります。そのため、相談時には、相談者の業務状況および健康状態を確認する必要があります。過重労働の懸念があるのであれば、業務量の軽減や業務分担の見直しの必要性を検討し、所属部門に打診すべき場合もあります。特に、入社直後の場合や、配転直後や休職から復職したばかりで業務に慣れていない場合には、通常よりも負担が大きいものと考えられますので、留意する必要があります。

　相談者が心療内科等に通院しているのであれば、診断書を提出してもらうべきであり、相談者の健康状態や心身の状況に懸念がある場合には、カウンセラーや産業医を紹介することも検討しましょう。

## [4] 相談者の希望の確認

　相談者が置かれている現状や相談者の心身の状況等を確認し、相談者が会社にどのような対応を希望しているのか、確認する必要があります。相談者は、調査の実施を望むと同時に、それによりハラスメントがさらにエスカレートするのではないかと恐れていることがあります。ハラス

メントを受けたことにより、相談者の心身には相当の負担がかかっている場合も多く、調査が終了するまで会社が何も対応せず、ハラスメントがエスカレートするおそれがあるのであれば、相談者が耐えかねて調査終了前に退職してしまうこともあり得ます。そのため、事案によっては、相談者の意向を確認し、調査実施前または調査中であっても、暫定的に席替えをし、業務上必要なやりとりは第三者を介して行わせるなど、相談者と行為者ができるだけ接触しないように配慮する必要がある場合もあります。

　特に、相談者の心身の状況が優れず、心療内科等に通院している場合はその必要性が高いといえます。相談者と行為者が業務上接触しないようにすることが最善ですが、会社の規模によっては難しいこともありますし、調査未了の段階で、行為者が何らかの問題行為をしたのではないかと周囲から受け取られることは避ける必要がありますので、相談者の心身の負担を軽減し、調査中のハラスメントの再発を防ぐためにどのような暫定措置をとるべきか、ハラスメントの内容やそれを裏づける証拠を考慮して検討する必要があります。相談者の心身の状況によっては、休職制度の利用を勧めることも考えられます。

　強制わいせつなど犯罪に該当する行為がなされたとの相談があり、それを裏づける相応の証拠も存在し、相談者の心身の状況が深刻である場合には、調査期間中、行為者に自宅待機を命じることも考えられます。ただし、調査未了時の自宅待機命令については、不利益処分に該当するとして違法とされる場合もありますので、ハラスメント再発や証拠隠滅のおそれが大きいと合理的に判断される場合に限定すべきです。

　また、相談された時点では、調査の実施について相談者の意向を確認した上で、相談担当部門で協議した結果を連絡する旨を伝えることにとどめ、窓口担当者の意見を述べることは控えましょう。相談者の希望にもかかわらず、調査を実施する必要がない場合もありますが、その場合においても、窓口担当者が単独で判断したというよりは、相談担当部門

で協議し、判断したというほうが相談者の納得を得られやすいからです。なお、調査を実施する場合、誰からヒアリングすべきかについても相談者の意向を聞き、明らかに必要がない場合やヒアリングにより支障がある場合を除き、できる限り相談者の意向に沿うように対応すべきです。

#### ▶相談者が被害者でない場合

　相談者が必ずしもハラスメントの被害者であるとは限りません。ハラスメントの被害を見聞きしている従業員が見かねて相談することもよくあります。その場合には、相談者の相談内容について、ハラスメントの被害者とされている従業員（以下、「被害者」といいます）にも確認した上で、調査の実施について、被害者の意向を確認する必要があります。被害者が行為者の報復等を恐れて調査の実施を希望しない場合においても、調査を経なければ実効的なハラスメントの防止につながらない旨を説明し、調査の必要性について理解を得るよう努めるべきです。

## 2 プライバシーの保護および情報共有の範囲について

　ハラスメントの相談は、相談者や行為者その他関係者のプライバシーに関わる情報が含まれます。そのため、相談内容に関わる者のプライバシーをどう保護するか、相談した事実自体を含め相談内容の情報共有をどこまで行うのかが重要な問題となります。多くの相談者は、相談内容が会社内に知れ渡り、会社に居づらくなるのではないかと心配しており、相談窓口に相談した場合、直ちに上司や経営陣が知るところになるのではないかと誤解していることもあります。特に、相談者が被害者でない場合、相談窓口に相談したこと自体を上司や経営陣に知られたくないと強く希望することも多いことから、相談者の特定がなされないよう慎重に対応する必要があります。

　指針では、ハラスメントに関する相談者・行為者等の情報はプライバシーに属するものであることから、プライバシー保護のために必要な措

置を講じ、周知しなければならないとしており、必要な措置を講じていると認められる場合として以下を挙げています。

①相談者・行為者等のプライバシー保護のために必要な事項をあらかじめマニュアルに定め、相談窓口の担当者が相談を受けた際には、当該マニュアルに基づく対応をすること
②相談者・行為者等のプライバシー保護のために、相談窓口の担当者に必要な研修を行うこと
③相談窓口においては相談者・行為者等のプライバシーを保護するために必要な措置を講じていることを、社内報、パンフレット、社内ホームページ等広報または啓発のための資料等に掲載し、配布等すること

　相談者・行為者等のプライバシー保護を履行するためには、以下のように、相談窓口の対応場所や資料の保管体制を整える必要があります。

• 相談者・行為者等との連絡で電話を使用する場合は、相談担当者の自席ではなく社内の会議室で行う
• 面談は、社内の会議室ではなく外部の会議室で行う
• 調査関係資料については厳重に保管し、相談担当者や調査チームなど情報共有が許された者以外のアクセスを制限する

　また、相談内容の共有範囲についても、初回相談時に相談者の希望を確認し、相談者の了承なくその他に共有しないことを約束します。
→「相談いただいたこと自体および相談内容については、相談窓口の担当者である私のほか、コンプライアンス部の部長、当該部長が指示した調査実施担当者には共有しますが、その他には相談者の了承なく共有しません」

　共有範囲に関し認識に齟齬（そご）がある場合には、相談者との信頼関係を大きく損ねることになりかねませんので、事案によっては、次の事項につ

いて、一定の範囲で「ハラスメント相談窓口担当部門および調査担当者以外には開示しない」旨、相談者と書面で確認しておくことも一案です。

- 氏名、所属先など相談者の特定に関する情報の開示の可否と共有範囲
- 相談内容の開示の可否と共有範囲
- 提出資料の開示の可否と共有範囲

　もっとも、相談者がハラスメントの被害者であるケースにおいて、調査の実施を決定した場合には、相談者の特定および相談内容について、少なくとも行為者やヒアリングを要すると判断される関係者および調査を担当する関係者に示す必要がありますので（事実関係を特定しない場合のリスクについては**第4章**110ページ参照）、被害者に対し、有効なヒアリングを実施するために必要であることを説明し、理解を得るよう努めましょう。

# 3 相談者とのコミュニケーション法

## 1 予断や偏見を持たずに傾聴する

　相談者は、相談窓口への相談に際し、多かれ少なかれ、「この相談窓口は信用できるだろうか。きちんと話を聞いてくれるだろうか」という不安を抱えていますので、相談者との信頼関係を構築することが窓口担当者の重要な職責です。そのため、窓口担当者は、予断や偏見を持たず、相談者の相談を虚心坦懐（たんかい）に聞く必要があります。

　相談者に「きちんと話を聞いてもらえている」と感じてもらうためには、ただ黙って聞くだけでなく、相づちを打ったり、「これまでお聞きしたことを整理しますと、…という理解でよいでしょうか」などと、適

宜、聞き取った事項を要約し、確認したりするなど、相談者の話を理解していることを示しましょう。

## ② 相談者の心情に寄り添う

相談者は、相談窓口に相談するかどうか、相当に悩んだ末に思い切って相談していますので、その気持ちに寄り添う姿勢を示しましょう。ハラスメントを受けている従業員は、通常、他の従業員や上司に相談するなどして円満に状況を改善したいと考えています。しかし、そのような手段を尽くしても状況に変化がない場合（またはそのような手段が尽くせない場合）、やむを得ず、相談窓口に相談するに至るのであり、相談窓口は最後の手段として機能している場合が多いといえます。

相談者がハラスメントの被害者ではない場合においても、相談窓口に相談することで、社内における自らの立場が悪くなることを覚悟し、場合によっては退職もやむを得ないとまで考えていることもあるのです。窓口担当者は、このような相談者の心情を理解し、単に事務的に対応するのではなく、相談窓口を利用する判断をしてくれたこと自体をねぎらい、共感を示すことが重要です。

## ③ 意見、主観、感想を述べない

相談窓口は、相談者の相談を聞くことが主な役割であり、問題の言動がハラスメントに該当するか否かを窓口担当者がその場で判断し、意見を述べるべきではありません。また、仮に行為者を知っていたとしても、「行為者はこういう人だから、そんなことはしないのではないか」などと自身の主観や感想を述べるべきでもありません。特に、相談者を責めたり、相談内容を軽く捉えたり、断定的な発言をしたりすることは、相談者に「きちんと話を聞いてもらえない」という気持ちを抱かせ、信頼関係を損なうことになりますので、厳に慎むべきです。[**図表３－２**]は、窓口担当者が慎むべき発言や対応の例です。

（1）「ハラスメントを受けるなんて、あなたの行動にも問題（落ち度）があったのではないか」と相談者を責める

（2）「どうして、もっと早く相談しなかったか」と責める

（3）「それは、ハラスメントですね／それは、ハラスメントとはいえません」と断定する

（4）「これくらいは当たり前、それはあなたの考えすぎではないか」と説得する

（5）「そんなことはたいしたことではないから、我慢したほうがいい」と説得する

（6）「（行為者は）決して悪い人ではないから、問題にしないほうがいい」と説得する

（7）「そんなことでくよくよせずに、やられたらやり返せばいい」とアドバイスをする

（8）「個人的な問題だから、相手と２人でじっくりと話し合えばいい」とアドバイスをする

（9）「そんなことは無視すればいい」とアドバイスをする

（10）「気にしても仕方がない。忘れて仕事に集中したほうがいい」とアドバイスをする

## ４ 相談窓口で対応する相談の範囲

　これまで述べてきたとおり、ハラスメントが発生している場合に限らず、そのおそれがある場合も広く相談を受け付けるべきですが、単なる上司への苦情や業務上の不満、人生相談などにまで対応する必要はありません。１回の相談で対応を打ち切ることは控えるべきですが、このような相談を繰り返す従業員に対しては、相談窓口で対応できないことを明確に伝える必要があり、その旨を関連規程にも明記すべきです。

### ▶派遣社員から相談があった場合

　派遣社員から相談窓口に相談がなされた場合、派遣先会社は、派遣元

会社に通知し、密接に連携して適切かつ迅速な処理を図る義務（労働者派遣法40条1項、「派遣先が講ずべき措置に関する指針」第2の7）と、事実関係を調査して必要な措置を講じる義務（同法47条の4、パワハラ防止法30条の2）を負っています。そのため、派遣先会社は、派遣社員からの相談について、派遣元会社に速やかに通知するとともに、協議の上必要であれば調査を進める必要があります。

## ⑤ 相談受付後の相談者への連絡

　相談者は、事態を改善してもらいたいという気持ちで相談しているのですから、相談を受けてそれっきり連絡をしないのであれば、きちんと対応してもらえないと失望し、外部の弁護士に相談したり、別の手段を考えたりすることもあります。そのような事態は、相談窓口が機能していないと見なされることにほかなりませんので、それを避けるためには、相談者と緊密にコミュニケーションを取る必要があります。そこで、相談の際には、①今後も進捗等の報告のため、連絡をさせてもらうこと、②その手段（メールの場合は会社のアドレスでよいかどうか、電話の場合は時間帯など）について相談者の希望を確認するとよいでしょう。

　なお、初回相談における相談窓口担当者の対応については、担当者ごとのばらつきを減らすため、マニュアルを作成するべきです。厚生労働省作成の「パワーハラスメント対策導入マニュアル（第4版）」の「参考資料10　相談窓口（一次対応）担当者のためのチェックリスト」や「参考資料11　パワーハラスメント相談記録票」を参考に、各社の実情に応じてカスタマイズし、整備しておきましょう（**巻末資料1・2**、204～207ページ）。

第4章

# 社内調査の進め方と
# 必要な対応

# 1 社内調査を実施するための体制（チーム）づくり

## ❶ 調査事項・調査手法の決定

### ［1］ 調査事項の決定

　ハラスメントの相談を受け、調査を進める場合には、調査事項を決定します。その際には、調査の目的、すなわち、事業主が負っている以下の措置義務が履行できるよう留意する必要があります。

- 事実関係を迅速かつ正確に確認すること
- 事実関係の確認ができた場合には、速やかに被害者に対する配慮のための措置を適正に行うこと（必要な場合は、事実関係の確認前の段階でも上記措置を行うこと）
- 行為者に対する措置（懲戒処分等）を適正に行うこと
- 再発防止に向けた措置を講じること

　調査事項は具体的に決める必要があり、調査事項が曖昧であれば、有効な調査が実施できず、追加の調査を要することにもなりかねません。

　主な調査事項は、相談内容に関する事実関係の確認ですが、懲戒処分や再発防止に向けた有効な措置を講じるためには、事実関係の確認だけでなく、原因分析や再発防止策の提言まで含める必要がある場合もあります。その場合、調査チームによる原因分析や再発防止策の提言を踏まえ、最終的に経営陣が具体的な再発防止策を作成し履行することになります。

　また、事実関係の確認と、それが就業規則等で禁止されるハラスメントに該当するか否かの評価は別の問題です。ハラスメント該当性の判断は、関係法令や裁判例等を踏まえて行う必要があることから、事実関係の確認とは別の判断権者（例えば、顧問弁護士やコンプライアンス委員

会等の社内の機関）に委ねることも考えられます。

　例えば、相談者（X）から上司（Y）によるパワハラの相談を受けたが、同部署内で他の社員もYからパワハラを受けていることやパワハラとはいえないまでも乱暴な言動が日常的になされていること、それに対しYの上司（Z）が見て見ぬふりをしていることが疑われる場合には、以下のような調査事項が想定されます。

---

- Xが主張するYの言動の有無および内容
- YのXに対する言動のパワハラ該当性
- Yの同部署における他の従業員に対する言動の内容およびそのパワハラ該当性
- Yの言動に対するZの対応
- YおよびZの対応の背景事情・原因
- 再発防止策

---

## ［2］調査手法の決定

　調査事項を決定した後、どのような手法で調査を実施するかを決定します。関係者のヒアリングや、関係者から提出された資料の検討が基本と考えられます。

　また、近年、社内外のやりとりにはメールやSNSが用いられることも多く、ハラスメントがメール等でなされるということもあります。例えば、上司の判断を仰ぐ必要のある事項について何度もメールで回答を求めても無視されたという相談の場合には、一連のメールのやりとりを確認する必要があります。

　仮に、ヒアリングを経ても、行為者が送信したメッセージかどうか疑義が払拭できない場合には、行為者の使用するパソコンのメール等を調査することも考えられます。会社が貸与するパソコンで、会社が設定したアドレス等を利用したものであれば、会社による調査は基本的に可能

であるものの、従業員のプライバシーとの関係で、無制限に認められるものではありません。調査すべき具体的な嫌疑があることが前提であり、調査範囲としても、業務上の情報の管理・保存に利用するメールサーバー上のデータに限定する必要があります。

> 裁判例　**日経クイック情報（電子メール）事件　東京地裁　平14．2.26判決**
> 　社内における誹謗中傷メールの発信者を特定するため、ある従業員のメールを閲覧した行為について、裁判所は、調査の過程で、当該従業員が送信者であるという疑いがあったこと、業務に必要な情報を保存する目的で会社が所有し保管するファイルサーバー上のデータの調査であったことから、社会的に許容し得る範囲内であるとしました。

　また、相談内容に鑑み、ほかにも複数の被害者が存在するおそれがあると判断する場合には、従業員に対しアンケートを実施することも一案です。どの範囲の従業員にアンケートを実施するか、記名か無記名かについては、ケースに応じて決める必要があります。

## ② 体制（チーム）づくり
### ［1］調査の主体

　ハラスメントの調査の主体については、会社の規模、想定される相談件数などによりさまざまですが、スムーズに調査を進めることができるよう、あらかじめ規程で定めておくことが望ましいといえます。相談窓口担当部門が引き続き事実関係の調査を行うことも、他の部署（人事部門やコンプライアンス部門など）が相談内容を引き継いで事実関係の調査を行うことも、いずれのパターンも考えられます。

　調査は、予断や偏見なしに公正かつ中立性をもって行われる必要がありますので、それが担保できるよう調査の主体を決定しなければなりません。一般的には、人事部門やコンプライアンス部門が調査担当部署とされ、当該部門に利害関係人がいる事案の場合には、内部監査室が担当

するなど、調査担当の独立性を考慮し定められている場合が多いといえます。もっとも、役員がハラスメントの行為者と疑われている場合など、調査に際し、会社からの独立性、中立性が強く求められる事案では、外部の専門家を招聘した第三者委員会を立ち上げることが望ましい場合もあります。

## ［２］ 調査担当者の人選

　調査の公正および調査結果への信頼を確保するため、調査担当者の人選は重要であり、被害者または行為者に対し予断を有しているおそれはないか、問題とされているハラスメント行為について利益相反関係はないかをチェックする必要があります。行為者のハラスメント行為に加担していた者はもちろん、被害者または行為者と同じ部署にある者（上司、同僚、部下）については、関連規程で調査の主体として定められているとしても、被害者または行為者に対し予断を持っている可能性があります。また、行為者の上司など管理する立場にある場合にも、監督義務違反として部下のハラスメントの責任を負う可能性があり、利益相反関係にありますので、調査担当者から外すべきです。

　それ以外でも、過去に被害者または行為者と同じ部署に所属していた従業員、部署は別であってもチームとして業務をしたことがある従業員、被害者または行為者と親しい間柄にある従業員については、可能な限り、調査担当者から外すことが望ましいといえます。調査の主体について中立性に疑義があることを理由として、相談者が調査結果に納得しないという事態は避けたいところです。

　上記のような調査担当者として適切でないと判断する従業員が相談担当部門や調査を実施する部門に所属している場合には、他の従業員に対するのと同様に、相談者からハラスメントの相談がなされたこと自体や相談内容等を知らせないよう十分留意すべきです。

　次の裁判例は、ハラスメントの被害者の上司に当たる従業員が直接相

談対応および調査を行った事案です。当該上司が、自身と親しくしていた行為者の説明を安易に信用し、被害申告事実は被害者（派遣社員）の誤解であるとの判断をした上、被害者に対する配慮に欠ける言動を行ったこと等から、裁判所は、当該上司に対する降格処分は合理的な理由があると判断しました。このように、社内の上司や同僚などが相談対応や調査を行う場合には、社内の人間関係による影響を受け、公正・中立な対応ができず、事実関係が正確に確認できないおそれがあります。

> **裁判例　新聞輸送事件　東京地裁　平22.10.29判決**
>
> 　派遣社員である女性職員（A）が営業所次長である男性職員（X1）からセクハラを受けた旨を、上司である総務部副部長の男性職員（X2）に申告したことについて、X2は、親しい間柄にあったX1の説明を安易に信用して被害申告事実はAの誤解であると判断し、Aに対し、「（X1から）バッグでも買ってもらったらいいよ」などの発言をしたり、Aの意思に反し、X1と直接面談する場を設定したりし、その結果、Aが退職するに至りました。
>
> 　裁判所は、X2は被害申告に対応し適切に処理すべき職責を負っていたにもかかわらず、その調査は不適切かつ不十分であり、Aに対する二次被害を与えかねない不謹慎かつ不適切な言動を行うなどして、結果としてAに退職を決意するに至らしめ、事態を深刻化させたこと等から、X2の降格処分は合理的な理由があり有効と判断しました。

## ［3］弁護士の関与について

　調査に際し、弁護士の関与の要否やその方法については、ケース・バイ・ケースで判断する必要があります。関係者へのヒアリングおよびヒアリングを踏まえた事実認定については、役職員ができないものではありませんが、不十分な調査や不適切な事実認定により後日紛争となるおそれもありますので、法律の専門家である弁護士に委任することによっ

て、必要十分な調査と適切な事実認定を担保することは大きなメリットがあるといえます。もっとも、弁護士が主としてヒアリングを行う場合においても、社内事情に精通した従業員が同席し、質問を補充するとよいでしょう。

　弁護士に委任する場合においても、顧問弁護士とするか、顧問弁護士ではない別の弁護士とするか、検討する必要があります。この点、ハラスメントについては、関係法令や指針には、相談窓口の独立性に関する記載は特にありませんが、消費者庁「公益通報者保護法に基づく指針（令和３年内閣府告示第118号）の解説」（令和３年10月）（以下、「本解説」といいます）が参考となります。

　本解説では、通報対応に係る業務を外部委託する場合には、中立性・公正性に疑義が生じるおそれまたは利益相反が生じるおそれがある法律事務所や民間の専門機関等の起用は避けることが適当であるとしています。そのため、内部通報窓口がハラスメント相談窓口も兼ねている場合には、顧問弁護士が通報の受付や事実関係の調査等の通報対応を行うことは控えるべきことになります。

　他方で、ハラスメント相談窓口が内部通報窓口とは独立して設置されている場合や、ハラスメント相談窓口のみ設置されている場合には、顧問弁護士が調査に際して指導や助言をすることは問題ありませんが、関係者のヒアリングや報告書作成など調査段階で全面的に関与する場合には、調査の中立性に疑義が生じないようにするべきでしょう。特に、減給以上の懲戒処分が見込まれる事案では、従業員が懲戒処分の効力を争い、紛争となる可能性が一定程度あるといえます。そのようなケースでは、役割分担として、外部の弁護士には関係者のヒアリング、報告書作成などの事実認定とハラスメント該当性の判断を委任し、認定された事実関係を基礎とした関係者への対応、原因究明、再発防止策の策定については顧問弁護士が会社の役職員と共に検討し決定することも考えられます。いずれにしても、弁護士の関与の有無、関与させる場合の役割分

担について明確にし、顧問弁護士が関与する場合には、顧問契約とは別の委任契約を締結しておく必要があります。

　万が一後日、相談者・行為者と会社との間で紛争となった際には、会社側の代理人は、相談や調査を担当した弁護士以外の弁護士を選任すべきです。なお、2022年度において、ハラスメントの相談窓口やハラスメントに関する事実関係の調査を担当した弁護士が、その後の法的手続きにおいて事業主側の代理人となったことについて、ハラスメントの相談者から懲戒請求され、弁護士としての品位を失うべき非行に該当するとして、弁護士会から懲戒処分を受けた例が2件報告されています。

### ［4］ 調査チームの人数

　調査チームの人数については、主として事情を聴取する役割の者、議事録を作成する者、補助的に聴取する者の3人は必要です。ヒアリング対象者の人数によってはもう1人程度追加することも考えられます。ただし、ヒアリングの際には、ヒアリング対象者に圧迫感を与えないよう、同席は3人程度とし、その他のメンバーはオンラインで参加するなど配慮することも検討しましょう。また、ハラスメントの被害者は男女を問わず想定されますので、チームのメンバー構成は男女混成とすることが望ましいと考えます。

# 2　社内調査の進め方

## １ 調査開始前の準備事項

### ［1］ 就業規則や規程類の確認

　調査の主な目的は、行為者の言動の事実関係を確認した上で、それが就業規則や規程類で禁止される行為に該当するかどうか、懲戒処分をす

べきか否かということにありますので、就業規則、相談窓口に関する規程、懲戒に関する規程などの関連規程を確認します。前述の措置義務を履行するため、就業規則において、ハラスメントを禁止し、懲戒事由と定めている会社が一般的ですので、行為者の言動が抵触する可能性のある条項をチェックします。また、行為者の上司については、監督責任を負うべき立場にありますから、上司の監督責任に関する条項（例えば、懲戒事由として、「部下が職場におけるハラスメントを受けている事実を認識し、または認識し得たにもかかわらず、これを黙認した場合」が定められている場合）もチェックしましょう。

## ［２］ヒアリング対象者の情報の確認
### (1)基本的な情報
　ヒアリング対象者の基本的な情報について、組織図、履歴書（経歴確認）、席の見取り図、職務分掌規程、業務内容、賞罰に関する資料などにより確認し、ヒアリング前に下記の例のように整理しておきましょう。

【例】
　1.　当事者の経歴
（1）　被害者(X)
　　○年○月　大学卒業後○○会社に入社し、総務部に配属
　　○年○月　○○会社退職
　　○年○月　当社に入社し、総務部に配属
（2）　行為者(Y)
　　○年○月　大学卒業後当社に入社し、総務部に配属
　　○年○月から○年○月まで病気休職
　　○年○月　総務部に復職
　　○年○月　総務部マネジャーに昇格

2. 総務部の構成

　　総務部は、X、マネジャーのYのほか、部長のZ、契約社員が2名の5名であり、Xの直属の上司はY。

3. 業務内容
(1) X

　　入社して間もないことから、Yの指示に基づき、主に備品の発注・管理、来客・電話・メールの応対をしている。
(2) Y

　　Yが総務部の業務全体を統括している。なお、部長のZは、別部門の部長を兼務しているので、席にいない場合も多い。

## ⑵席の見取り図

　席の見取り図については、行為者、被害者のほか、上司、同僚などの他の従業員の席の配置を確認することにより、行為者と被害者のやりとりを他の従業員が把握できる状況であったかどうかを判断するために必要なものであり、ヒアリングの対象者の選定の際にも役立ちます。行為者と被害者の状況を上司が把握できていたにもかかわらず、執務状態の改善や負担の軽減など何らの措置もとらなかったのであれば、上司の監督義務違反や会社の安全配慮義務違反と認定すべき場合もあります。

## ⑶過去の就業上の問題点

　過去の賞罰の有無および内容のほか、行為者・被害者の過去の休職の有無、理由および期間その他過去の就業上の問題点の有無および内容も確認します。例えば、パワハラ事案で、過去に行為者が管理職として所属していた部署で休職者が複数発生していた場合には、その理由やその際の会社の対応（休職者との面談、産業医の意見など）についても確認しましょう。

## ［3］ 証拠の確認

　ヒアリングを有効なものとするためには、事前にヒアリング対象者が有する客観的な証拠をできる限り提出してもらい、それを確認した上で、その証拠に関する質疑を行うことができるよう準備してヒアリングに臨むことが望ましいといえます。例えば、ハラスメントを受けた直後に友人にその旨を伝えたメールなど、供述の信用性を基礎づける重要な証拠が提出されるかどうかによって、ハラスメントの有無という事実認定の結果に影響することもありますので、客観的な証拠の有無は事前に確認し、提出を促すべきです。関連する社内メールについても、聴取対象の関係者に提出を促しましょう。

　以下では、各種証拠が信用できるものかどうかを判断する上での留意点について、種類別に解説します。

### (1)メール・メッセージアプリ等のやりとり

　メール・メッセージアプリ等のやりとりについては、表面的な文言のみにとらわれるのではなく、前後のやりとりも含め、その趣旨・目的を慎重に検討する必要があります。

　例えば、一見親密な関係にあるかのように見えるやりとりがあったとしても、よく確認すれば、被害者が積極的に発信したものではなく、行為者に対する返信としてなされたものばかりである場合もあります。

　また、メール・メッセージアプリ等でやりとりするとともに、電話や対面でのやりとりがなされている場合もありますので、ヒアリングの際に、コミュニケーションの方法についても確認する必要があります。

### (2)録音データ

　スマートフォンに録音機能が搭載されているなど録音デバイスが発達した現在においては、ハラスメントの発言等を秘密裏に録音し、それを裁判で証拠として利用することがよくあります。特に、職務上の指導と

の境界が曖昧なパワハラ事案では、行為者の具体的な発言や口調等を示すことができるため、録音データは極めて有効な証拠といえます。

　民事訴訟においては、秘密録音であっても、著しく反社会的な手段によるものでない限り、証拠としての効力は否定されません。ただ、秘密録音の場合、録音している側は発言に留意し対応する一方で、録音されていることに気づいていない側は、やりとりによっては発言をエスカレートさせる場合もあり（114ページの三洋電機コンシューマエレクトロニクス事件を参照）、録音された発言の評価に際しては、録音時の状況も考慮する必要があります。したがって、ヒアリングでは、録音時の状況についても確認しましょう。

　会社側で、職場における録音を好ましくないとし、業務命令として禁止することもありますが、ハラスメント行為を立証するという目的によるものであれば、秘密録音行為を理由とする懲戒処分の効力は否定される可能性が高いと考えられます。

### ⑶日記、メモやノート

　被害者がハラスメント行為を記録した日記、メモやノートについても、被害者が日々の出来事をその都度記録するという性格のものであれば、ハラスメント行為を裏づける証拠となります。

　もっとも、録音データほどの客観性は認められないことから、裁判において、日記、メモやノートを提出した場合、その信用性が争われることが多くあります。その信用性の判断はさまざまな事情を総合考慮してなされるものであり、１審と控訴審で判断が分かれることもあります。そのため、日記、メモやノートについては慎重にその信用性を判断する必要があり、ヒアリングでは、オリジナル（原本）を持参させ、問題の出来事の前後のページも確認し、どのような場合に記録していたのかを確認しましょう。

---

**裁判例　医療法人社団恵和会ほか事件　札幌地裁　平27. 4.17判決**

　原告作成の日記およびノートの信用性が問題となり、被告は、空白の日が多く、具体性、詳細性に欠けるとして、後日作成された疑いがあると主張しました。しかし、裁判所は、「格別不自然な所は認めがたく、これらに記載された出来事が客観的な観点から記載されているかどうかはさておき、当該日付の日に当該出来事が存在したという限度での信用性は認められるというべきである」として、原告作成の日記およびノートの信用性を認め、原告の供述等その他の証拠に基づき、原告が主張するセクハラ行為およびパワハラ行為を認めました。

---

**裁判例　Y市事件　福岡高裁　平25. 7.30判決**

　パワハラ被害者の交際相手（訴訟係属後に被害者と婚姻）の日記について、1審判決（福岡地裁行橋支部　平25. 3.19判決）と控訴審判決で、信用性の評価が異なった事案です。当該日記は、1審段階から提出されていましたが、1審はその信用性を否定し、当該日記記載のパワハラ発言を認めませんでした。これに対し、控訴審は、「これらは本件紛争が発生する前に作成され、日記という継続的な記録の一環として作成されたものであるから、他に特段の事情なき限り、信用性が高いと認められるものである」として、日記記載のパワハラ発言を認定しました。

---

## ［4］ヒアリングの範囲および順番の確認
### (1)範囲および順番の決定方法

　ヒアリングの対象者については、ハラスメントの被害者、行為者は必須ですが、ハラスメントを見聞きしたと思われる同僚や上司についてもヒアリングするべきか検討する必要があります。通常、ハラスメントの被害者と行為者との間で事実関係に関する主張が対立することが多いため、適切な事実認定を行うには、ハラスメントを見聞きした同僚や上司

などの関係者からも事実関係を聴取する必要があり、各指針においても
その旨定められています。問題とされている言動がメールや録音から明
らかであり、被害者も他の従業員のヒアリングを希望しない場合を除き、
上記のような関係者からのヒアリングも検討しましょう。特に、被害者
や行為者の上司については、被害者に対する安全配慮義務や行為者の監
督責任を負う立場にありますので、被害者に対するハラスメントについ
ての認識や対応を確認する必要があります。

　ヒアリングの順番については、被害者、行為者のほか、ハラスメント
の目撃者等の関係者がいる場合には、まず被害者のヒアリングを行い、
被害者の主張する事実関係について目撃者等のヒアリングも経た上で、
行為者の主張を聞くことが実効的です。

### ▶ハラスメントを見聞きした従業員と行為者の関係においても
###　ハラスメントとされる可能性がある

　ハラスメントの直接の被害者との関係だけではなく、同じ職場で働く
他の従業員と行為者の関係においても、ハラスメントに該当する場合が
あります。例えば、他の従業員に対する見せしめの趣旨で、特定の従業
員を理由なく非難し、退職を強要する言動をした行為者がいた場合には、
当該従業員と同じ立場にある他の従業員にとっては、今後、自分たちに
も同じような言動がなされるであろうと受け止めることは当然と考えら
れます。その場合、他の従業員との関係においても、ハラスメントに該
当し退職を強要する違法な行為として、会社が損害賠償責任を負う場合
があります。

> 裁判例　**F社事件　東京高裁　平29.10.18判決**
> 　高齢女性職員（X1、X2）に対し、代表取締役が正当な理由なく批判
> ないし非難を続け、賞与減額や降格処分を行うなどしたことにより、退職
> に追い込んだことについて、退職強要するものであり、不法行為に基づく

損害賠償を認めました。その上で、同じ職場で働く他の女性職員（X3、X4）がX1およびX2に対する言動を見聞きし、それぞれ退職するに至ったことについて、X1およびX2に対する一連の退職強要行為は、X3およびX4にも間接的に退職を強いるものであるとし、X3およびX4に対しても、不法行為に基づく損害賠償を認めました。

### (2)第三者に対する調査協力

　取引先や業務委託先などの外部の第三者から自社の従業員に対しセクハラがなされた場合、セクハラ指針に基づき、措置義務の履行として、当該取引先等にも調査への協力を求める必要があり、被害者側の事業主から調査への協力を求められた事業主は、これに応じる努力義務があります（**第1章**31ページ参照）。

　被害者側の事業主としては、関係者のプライバシーの保護や企業としてのレピュテーション低下の観点から、できる限り社内での調査を行った後に、ハラスメントの事実が相当程度確からしいとの心証が得られた時点で、調査協力を求めるべきです。調査協力を求める際にも、秘匿性を保つ必要がありますので、取引先の取締役などの高位の役職者のみに、その時点で把握している事実関係と取引先に求める協力内容を伝えましょう。

## 2 ヒアリングの進め方

### ［1］日時、場所、実施方法

　ヒアリングは業務時間内で実施すべきであり、ヒアリング対象者の業務状況等によりどうしても業務時間外に実施せざるを得ない場合には時間外手当の支払いが必要となります。

　ヒアリングの実施場所については、社内の会議室でも問題ありませんが、会社の業務スペースとの関係上、出入りを他の従業員に見られ、ヒアリングの実施を知られるおそれがあるのであれば、社外の会議室を借

りて実施することが望ましいでしょう。

　ヒアリングは、原則として対面で実施すべきです。ハラスメントの案件では、客観的証拠が乏しいことが多く、被害者、行為者、関係者のいずれの供述の信用性が高いか、比較により判断するほかない場合もあります。その場合、供述内容についてはもちろんですが、ヒアリングにおける態度、表情などの対面することで感知できる情報も踏まえ、判断することが望ましいといえます。

　リモートでのヒアリングは、聴取対象者が病気で欠勤していたり、既に退職していたりするなどの事情で、対面でのヒアリングが難しい場合に限定することがよいでしょう。リモートの場合には、態度、表情を感知することが難しいことから、少なくとも被害者と行為者については、対面でヒアリングすべきです。

## ［2］ ヒアリングへの呼び出し

　調査担当者のうち1人が連絡係となり、業務命令として、ヒアリングの日時・場所のほか、調査へ協力するよう求めるとともに、第三者に働きかけたり、調査について口外したりすること等により調査を妨害しないよう、対象者に告知します。その際、誤解のないよう、メールまたは書面で伝えましょう（**巻末資料3**、208ページ）。相談者や被害者以外の第三者に対しては、具体的な調査対象事実を伝えることにより、別の第三者に対し働きかけを行うなどのおそれがありますので、「社内調査のため」などの最小限の概括的な内容のみを連絡します。

　上述のとおり、業務時間内にヒアリングを行うことが原則であることから、対象者の上司にも、同様に最小限の概括的な内容について伝え、理解を得る必要があります。

　なお、ハラスメントが継続するおそれがある場合には、被害者の意向を確認した上で、執務場所や指揮命令系統の変更などの行為者との引離しを実施する必要もあります。状況に応じてその旨も、行為者に対する

告知書面に記載しましょう。

## ［3］事前の説明事項

　事業主が調査相当と判断し、関係者のヒアリングを行う場合、相談者を含めヒアリング対象となった従業員は、ヒアリングがどのように行われるのか、それによる自身への不利益はないのかなど、見通しがつかないことによる漠然とした不安を感じていることが通常です。そのため、ヒアリングを実施する前に、以下の事項を説明すべきです。

### (1)ヒアリングの目的

　まずヒアリングの目的を端的に伝えます。

→「本日のヒアリングは、行為者の言動について、その事実関係等を確認することを目的としています」

### (2)ヒアリングの所要時間の見通し

　ヒアリングの所要時間の見通しを伝えます。ヒアリング対象者の負担を考慮し、基本的に、1度のヒアリングの所要時間は1時間程度にとどめましょう。必要であれば、再度のヒアリングをお願いする場合もあることを補足しますが、その際、ヒアリング対象者が「このまま継続してヒアリングしてもらって構わない」と言う場合には、継続することも問題ありません。

→「本日のヒアリングは1時間程度で終えることを予定しています。追加でお聞きする必要がある場合には、お手数ですが、再度ヒアリングを実施させていただければと思います」

### (3)守秘義務

　ハラスメントの調査は関係者のプライバシーに関わる事項を含みますので、ヒアリング対象者には守秘義務を課す必要があります。そのため、

ヒアリング開始前に、ヒアリングを受けたことおよびその内容については口外しないこと、第三者に働きかけをするなど調査を妨害しないこと、万一違反した場合には懲戒処分の対象となることを伝え、守秘義務について十分理解を得た上で、守秘義務に関する誓約書にその場で署名してもらうことがよいでしょう（**巻末資料4**、209ページ）。この誓約書には、(4)のヒアリング内容を調査に必要な範囲で開示することの承諾についても記載し、まとめて承諾を得るようにします。

→「調査は関係者のプライバシーに関わる事項を含みますので、ヒアリングを受けたことおよびその内容については一切口外しないこと、第三者に働きかけをするなど調査を妨害しないことをお願いします。万一違反された場合には懲戒処分の対象となりますので、くれぐれもご留意ください」


## (4)ヒアリング内容の開示

　ヒアリングで聴取した内容については、調査および処分の検討のため、必要最小限の範囲で関係者に共有するほか、関係者へのヒアリングを進める中で、事実関係の確認のため、開示する必要が生じる場合もあります。そのため、ヒアリングで聴取した内容については、ヒアリングを含め調査に際し必要がある場合には、他のヒアリング対象者に開示する場合があることを説明し、承諾を得ましょう。併せて、ヒアリング以外の目的で使用することがないことも説明します。

→「ヒアリングで聴取した内容については、調査および処分の検討のため、必要最小限の範囲で関係者に共有します。また、事実関係の確認のため、他の聴取対象者に開示する場合もありますので、あらかじめご了承いただきますようお願いいたします。その他の目的で使用することはありませんので、ご安心ください」


## (5)不利益取扱いの禁止

　ヒアリングの対象者は、ヒアリングにより社内で不利な立場になるの

ではないかと不安を感じていることが多いため、法律上、ハラスメント
を相談したことやヒアリング等の事実確認に協力したことによる不利益
な取扱いは禁止されていることを伝えます。不利益取扱いの禁止を定め
ている社内規程があれば、それも引用して伝えましょう。

→「法律上、ハラスメントを相談したことやヒアリング等の事実確認に協力し
　たことによる不利益な取扱いは禁止されていますので、安心して事実をお
　話しいただければと思います」

## (6)調査担当者の中立性

　相談者は、調査担当者を相談者の味方になってもらえるものと捉えが
ちであり、ヒアリングの際に相談者の主張する事実関係を一つひとつ確
認することについて、「自分の言い分が信用されていない」と感じてし
まうこともあります。しかし、調査担当者の役割は、あくまでも相談者
にも行為者にもくみすることなく、中立的な立場で事実関係を確認する
ことにありますので、その点は誤解のないよう説明し、理解を得る必要
があります。

→「調査担当者の役割は、中立的な立場で各関係者からヒアリングし、事実関
　係を確認することであり、いずれかにくみするものではありませんので、
　ご理解ください」

## (7)ヒアリングの録音

　以上の説明を経て、ヒアリングを始めるに際しては、記録化のため録
音することが望ましいことを説明し、ヒアリング対象者の承諾を得ます。
その際、録音内容については、調査および処分の検討に必要な最小限の
範囲でのみ共有し、その他の目的では使用しないことを伝えます。場合
によっては、ヒアリング対象者自身も録音したいと申し出ることもあり
ますが、質疑応答には関係者のプライバシーに関わる事項も含まれるこ
とから、録音は控えてもらいたい旨を伝え、納得を得るようにしましょ

う。なお、録音については必ず文字起こしをして、事実認定の際に確認しましょう。

→「これからヒアリングを始めますが、正確に記録するため、録音を取らせていただきますので、ご了承ください」

## 3 被害者へのヒアリング

### [1] 聴取事項

　被害者から聴取すべき事項は、主に以下のとおりです。

---

(1)被害者および行為者の各業務内容

(2)被害者と行為者の地位、関係性

(3)行為者の言動の日時、場所、態様

(4)行為者の言動に対する被害者の対応、結果

(5)被害者の第三者に対する相談の有無、内容

(6)被害者の希望

---

#### (1)被害者および行為者の各業務内容

　被害者および行為者の各業務内容については、被害者と行為者の業務上の接点の有無および内容、ひいては両者の関係性にも関わりますので、具体的に確認しましょう。特に、パワハラの場合には、業務上の指示指導として認められる範囲か否かという判断が必要となりますので、被害者と行為者の日常的な業務状況についてできる限り具体的に聴取することが肝要です。

　パワハラ指針におけるパワハラ類型の一つである「過大な要求」型のパワハラの場合には、過大な業務による長時間労働を伴う場合がありますので、残業の有無および労働時間についても確認しましょう。被害者のヒアリングで常態的な長時間労働が疑われる場合には、勤怠管理ソフトなどで労働時間を確認する必要があります。

## (2)被害者と行為者の地位、関係性

　いかなる言動がハラスメントに該当するかの判断に際しては、その内容だけでなく、その言動を行った者と受けた者の地位や関係性も考慮する必要がありますので、これについても確認しましょう。すなわち、全く同じことを言われたとしても、両者の地位や関係性によって、ハラスメントに該当するか否か、それが違法と評価されるか否かは異なります。例えば、上司から部下に対して、「お前は全く駄目なやつだ」という発言があったとします。この発言も、日頃から親しくしていて、一定の信頼関係がある上司からなされた場合と、会話がほとんどない疎遠な関係にある上司からなされた場合とでは、受け手の心理的負担は全く異なります。

　被害者と行為者との関係のみならず、行為者と他の従業員との関係についても聞くことにより、被害者に対する行為者の言動の問題点が浮かび上がることもあります。例えば、行為者が他の従業員とは被害者の面前で親しく雑談をするにもかかわらず、被害者に対してはほとんど声をかけないという場合には、行為者の被害者に対する悪感情を被害者が感じ、精神的苦痛を受けていたことが推察されます。

　また、現時点における行為者との関係性についても確認し、調査未了の段階でも暫定的な引離しの措置が必要かどうかの参考にしましょう。

## (3)行為者の言動の日時、場所、態様

　初回相談の際に、問題とされている言動のアウトラインは確認していますので、今度はその言動がなされた日時、場所、態様について、具体的に聴取します。長期間にわたる多数回の行為の場合には、事前（例えば初回相談の際）に日時、場所、態様について一覧表の作成を依頼し、ヒアリングの際には、それに沿って一つずつ説明してもらうのがよいでしょう。問題の言動だけでなく、それに至る経緯や背景についても聞くことにより、理解を深めることができます。

また、口調、語調、抑揚によって、同じ発言であっても受け止め方は異なりますので、具体的にどのような言動であったか、できる限り詳細に確認しましょう。「誹謗中傷された」「人格を否定された」など抽象的な表現で説明された場合にも、具体的な発言の内容や態様を確認する必要があります。

## ⑷行為者の言動に対する被害者の対応、結果

　問題とされている言動に対し被害者がどのような対応をしたのか、具体的に確認しましょう。その際、被害者の対応は、行為者との関係性、ハラスメントの内容や態様によってさまざまであり、一律にこうあるべきというものではないことに留意すべきです。

　特に、セクハラの場合には、第三者に知られたくない事項であることに加え、意に反する性的言動であったとしても、行為者からの報復を受けることを恐れたり、職場での立場や業務上の不利益を考慮し、明示的に抵抗できなかったりする場合も多いことに留意する必要があります。そのため、セクハラ被害後も、以前と変わらず行為者と接しているように見える場合もありますが、それをもって被害がなかったことや被害の程度が軽いことを推認すべきではありません。

　また、行為者の言動の結果、被害者が精神疾患となったり、休職を申し出たりするなど、心身へのダメージによる悪影響が発生していないか、発生している場合はその程度についても確認しましょう。

## ⑸被害者の第三者に対する相談の有無、内容

　問題とされる言動があった後、被害者が第三者（医師などの専門家、上司、同僚、知人、親等）に相談ないし報告したかどうかも聞き、それに関する資料がないか確認します。クリニックを受診した場合にはその診断書を、メールやメッセージアプリなどで相談した場合にはそのやりとりを、それぞれ提出してもらいましょう。

上述のとおり、セクハラの場合には、できるだけ第三者に知られたくない事項であることから、直ちに第三者に相談しなかったことをもって、問題とされる言動がなかったと推認すべきものではないことに留意する必要があります。

### ⑹被害者の希望

行為者および会社に対する被害者の希望を聞きます。被害者がハラスメントの継続を懸念し、行為者との引離しを希望している場合には、調査未了であっても、暫定的に、行為者との引離しを実現するための措置を検討する必要があります。また、行為者に謝罪してもらえれば、引き続き同じ部署で業務を継続することでよいのか、行為者ないし自らの配置転換を希望しているのかなど、今後の業務に関しても希望を確認します。

調査に当たり、被害者が「○○にもヒアリングしてほしい」「防犯カメラに映像が残っているかもしれないので確認してほしい」などと要望することもあります。その場合には、その理由を確認し、調査に必要であると判断する場合には実施しましょう。調査に必要でないと判断する場合には、その理由を被害者に伝え、納得させる必要があります。被害者が全く関連のない調査を希望することは通常考えにくいため、できる限り被害者の希望する調査を実施することが望ましいと考えます。被害者の希望する調査を理由なく実施しない場合には、調査が不十分であるとして、被害者が調査結果に不満を持つ原因となります。

## ［2］ 被害者ヒアリング後のメモの作成と確認

被害者のヒアリング後、できるだけ早めにヒアリング結果を整理したメモを作成し、事実関係に誤りがないかどうか、被害者に確認してもらいましょう。丁寧に事実関係を確認することで、その後、法的手続きに至った場合においても、被害者の供述の信用性が担保され、それを基に

した会社の処分の効力も担保されることにつながります。

　例えば、海遊館事件（最高裁一小　平27．2.26判決）においては、女性従業員からの被害申告後、複数回のヒアリングを行った上で、ヒアリング後、日を置かずに、聴取者が女性従業員の話を整理したメモを作成し、これを女性従業員に確認してもらったこと、女性従業員が管理職らの問題発言を記載した一部のメモを残していましたが、ヒアリング後に聴取者から依頼され、改めて女性従業員がメモを作成したこと、これらのメモと訴訟での証言が一貫しており、具体的で詳細であったことが、セクハラ発言が認定される大きな要素となりました。

## ［3］被害者がヒアリングに協力しない場合

　仮に、被害者がヒアリングを拒否するなど、ハラスメントの調査に協力しない場合においても、それをもって調査ができないとして調査を打ち切るべきではありません。被害者のヒアリングができないとしても、被害者に対し、ハラスメントを裏づける証拠の提出を求めるなどの別の方法も考えられますので、できる限りの調査を尽くすべきです。

　この点、ハラスメントの被害者が学校側による調査に協力しなかったことを理由として、学校側が調査を打ち切った事案において、学校側が職場環境改善に向けた対応義務を尽くさなかったとして、学校側の債務不履行責任を認めた裁判例があります（国立大学法人金沢大学元教授ほか事件　金沢地裁　平29．3.30判決）。

## ［4］被害者が病気で欠勤した場合

　被害者がうつ病等の精神疾患にかかり欠勤した場合には、どのように被害者のヒアリングを進めるべきかが問題となりますが、まずは被害者の健康状態の回復を待つべきです。被害者のヒアリングにより具体的なハラスメントの事実関係を確認することは、その後の関係者および行為者のヒアリングの前提となりますので、被害者のヒアリングの実施前に、

他のヒアリングを進めるべきではありません。

　なお、前述のとおり、ヒアリングは原則として対面で行うべきですので、回復に時間を要し、調査を早急に実施する必要がある場合に限り、リモートでヒアリングすることを検討しましょう。


## ヒアリング例：対相談者

### ［１］ヒアリングの事前説明

■　本日はヒアリングにご協力いただきましてありがとうございます。

　✓まずヒアリングに協力いただくことのお礼を述べましょう。

■　私たちは、コンプライアンス部の職員であり、相談窓口にご相談いただいたあなたとＹさんの件について、調査を担当しますので、よろしくお願いいたします。

■　現在、健康状態はいかがでしょうか。

■　本日のヒアリングは、ご相談いただいた件の事実関係を確認することを目的としています。

■　ヒアリングの流れについてご説明します。まず、私たちからあなたに対し、あなたやＹさんの業務内容や関係性などについてお聞きした後、相談窓口にご相談いただいた件に関する事実関係、あなたの受け止め方、その前後の関係者の言動、今後の対応についてのご希望、例えばＹさん側に望むこと、会社に対して望むことなどをお聞きしたいと思います。

■　法律上、ハラスメントを相談したことやヒアリング等の事実確認に協力したことによる不利益な取扱いは禁止されていますので、率直に事実をお話しいただければと思います。

　✓就業規則や規程で、不利益取扱いの禁止を定めている場合は、それも引用しましょう。

■　私たち調査担当者の役割は、中立的な立場で各関係者からヒアリングし、事実関係を確認することであり、相談者にも行為者にもくみするもので

はありませんので、ご理解ください。

- ■ ヒアリングについては、録音をご了承いただきますようお願いいたします。録音は、聴取した事実を正確に記録することを目的としています。
- ■ （自分も録音したいとの希望が出された場合）ヒアリングでは、当事者以外の第三者の氏名やプライバシーに関わる情報も含まれますので、ヒアリングの対象とされた方の録音は控えていただきたく存じます。メモをされることは差し支えありません。
- ■ ヒアリングで聴取した内容については、事実関係の確認のため、他の聴取対象者に開示する場合もありますので、ご了承いただきますようお願いいたします。ヒアリング以外の目的で使用することはありませんので、ご安心ください。
- ■ 本日のヒアリングは1時間程度で終えることを予定しています。追加でお聞きする必要がある場合には、お手数ですが、再度ヒアリングを実施させていただければと思います。または、本日1時間を経過した時点で、続けてヒアリングすることに差し支えがない場合は、そのまま継続してヒアリングさせていただくことも可能ですので、ご遠慮なくおっしゃってください。
- ■ 休憩やトイレ等は、いつでもご自由に申し出てください。また、途中で気分が悪くなった場合はすぐにおっしゃってください。
- ■ 調査は関係者のプライバシーに関わる事項を含みますので、ヒアリングを受けたことおよびその内容については、一切口外しないようお願いします。万一口外された場合には、懲戒処分の対象となりますのでくれぐれもご注意ください。

✓誓約書にサインをもらいます。

## ［２］業務内容等の確認

■　まず、業務内容について確認させていただきますが、あなたは、○年に当社に入社され、○○部に配属されたということですね。

■　Ｙさんはあなたの直属の上司ですね。

■　あなたが担当されている業務内容を教えていただけますか。

■　あなたは、業務に関し、Ｙさんから日常的に指示指導を受けているのでしょうか。

■　Ｙさんとは、どのような関係ですか。

## ［３］事実関係の確認

■　ご相談があったＹさんの発言について確認させていただきますが、事案としては以下の○点でよいでしょうか。

①　○年○月○日　「○○○」

②　○年○月○日　「○○○」

③　○年○月○日　「○○○」

④　・・・

■　まず①についてお聞きしますが、Ｙさんがこの発言をしたおおむねの時間と場所を教えていただけますか。

■　このＹさんの発言はどのような流れでなされたのでしょうか。

■　あなたは、このＹさんの発言を受けて、どう対応しましたか。

■　このＹさんの発言を見聞きしていた方はいらっしゃいますか。

■　（いる場合）どなたか教えていただけますか。その方はその場でどう対応しましたか。

■　あなたは、このＹさんの発言についてどう感じましたか。

■　例えば、録音や日記など、このＹさんの発言を記録したものはありますか。

■　あなたは、このＹさんの発言について誰かに相談しましたか。メッセージアプリやメールなどで相談していた場合には、それをご提出いただけますか。

## ［4］相談者の希望の確認

■　Yさんや会社に対し、どのような対応を希望しますか。


## ［5］ヒアリングの結び

■　今日のヒアリングは、これで終わりです。今後の調査次第ですが、確認
　　のため、再度お話を伺う可能性がありますので、ご了承ください。

■　何かご質問がありましたらご遠慮なくお願いいたします。

■　長時間ありがとうございました。


# 4 上司、目撃者等の関係者へのヒアリング

## ［1］聴取事項

　上司、目撃者等の関係者から聴取すべき事項は、主に以下のとおりで
す。

---

(1)ヒアリング対象者と行為者および被害者との関係

(2)被害者と行為者との関係

(3)被害者と行為者の性格、タイプ

(4)行為者の言動に関する認識、記憶

(5)行為者の言動の前後の被害者の状況

---

### (1)ヒアリング対象者と行為者および被害者との関係

　ヒアリング対象者が被害者と行為者との関係で業務上どのような立場
にあったか、業務内外での接点について、具体的に確認します。それに
より、ヒアリング対象者が聴取事項についてどの程度直接的な知識・経
験を有するか、ヒアリング対象者と被害者、行為者との関係性を推測し
ます。

　パワハラの場合には、行為者の言動が適正な業務上の指示指導の範囲
にあるか否かが問題となり、その判断に際しては、被害者の業務遂行上

の問題点や業務能力も一つの考慮事情となります。そのため、ヒアリング対象者が被害者の上司の場合には、ヒアリング対象者と被害者の業務内容、業務上の接点を具体的に聞き、被害者の業務遂行上の問題点や業務能力について、ヒアリング対象者が直接知り得る立場にあったのか確認しましょう。ヒアリング対象者が被害者の直接の上司ではない場合には、ヒアリング対象者は、被害者の業務遂行上の問題点や業務能力について直接知り得る立場にはないこともありますので、その点の供述がなされた場合には、直接見聞きしたことか、伝聞か、確認する必要があります。

### ⑵被害者と行為者との関係

　ヒアリング対象者から見た被害者と行為者との関係性についても、聴取します。「関係は良好そうに見えた」「（被害者は行為者の前で）びくびくしているようだった」など、ヒアリング対象者が被害者と行為者との関係性をどう捉えていたのかを聞くことにより、他のヒアリングと併せて、被害者と行為者との関係性について理解を深めることができます。ハラスメントの前後で、被害者と行為者の関係性が変化する場合もありますので、被害者のヒアリングの中で、ターニングポイントとなる事件がある場合には、その前後の関係性の変化についても聞いたほうがよいでしょう。

### ⑶被害者と行為者の性格、タイプ

　被害者、行為者の日常の言動、性格やタイプ（自己主張の強さ、協調性など）についても聞くことが有用です。同じことを言ったとしても、その語調、抑揚などによって受け手の受け止め方は異なりますし、発言者の性格やタイプにより、反論が容易かどうかも異なります。

## (4)行為者の言動に関する認識、記憶

　被害者が主張する行為者の言動について、一つずつ、ヒアリング対象者に確認します。その際、(1)で述べたのと同様に、問題となっている行為者の言動について、ヒアリング対象者が自ら経験した事実か、伝聞かを明確に区別して聞く必要があります。ヒアリング対象者は、他意はなくとも、自らが経験した事実と伝聞とを織り交ぜて話したり、被害者や他の従業員から後に聞いた話を自らが経験したかのように話したりすることがあります。ヒアリング対象者が経験した事実という前提で話を聞いていたところ、よくよく話を聞けば、それは伝聞であったことが分かるということもあります。伝聞は、その過程で聞き間違いや言い間違いなどが発生することがありますので、事実関係の確認においては、伝聞に基づく供述を基礎とすることはできません。問題となっている行為者の言動について、ヒアリング対象者自らが経験したかどうかに留意して事実関係を確認する必要があります。

## (5)行為者の言動の前後の被害者の状況

　行為者の言動自体を見聞きしていなくても、ヒアリング対象者が、行為者の言動があったとされる日以降の被害者の様子の変化（例えば「しょげかえっていた」「口数が少なくなった」「服装に構わなくなった」など）を認識している場合もあります。被害者の様子の変化は、ハラスメントがあったとされる日に被害者が精神的苦痛を負ったことを推認する事情となりますので、行為者の言動の前後の被害者の様子も含め、ヒアリング対象者が経験・認識している事実を聴取しましょう。

## ［2］ 情報共有に関する留意点

　関係者からのヒアリングに際しては、プライバシー保護の観点から、被害者の承諾を得た範囲に限り、被害者の相談内容や被害者から提出された証拠資料を共有します。うっかりそれ以外の情報を開示することの

ないよう、ヒアリング前に聴取事項および提示する資料を確認しておきましょう。

### [３] 監督責任を問われるおそれのある上司の供述について

　ハラスメントの行為者の上司については、上司として部下がハラスメントを行わないよう監督する義務を負っていますので、被害者に対する部下のハラスメントを認識し、またはそれがハラスメントに該当することを認識し得たにもかかわらず、放置した場合には、懲戒処分の対象となり得ます。そのため、部下がハラスメントを行った場合、その上司は、自らの監督責任を問われる立場にあることから、中立的な立場にあるとはいえず、ハラスメントをした部下の言動について、「通常の指示指導の範囲内だと思った」等と肯定的に評価する可能性もあることに留意すべきです。

### [４] ヒアリングへの協力

　上司や目撃者等の第三者的立場にある従業員については、上司であれば、自らの監督責任を追及されるのではないかという不安から、また、その他の目撃者等の従業員であれば、争い事に巻き込まれて不利益を被ることは避けたいという思いから、ヒアリングに消極的な姿勢を示すことがあります。そのため、ヒアリングに際しては、前述のとおり、ヒアリングの目的を伝えるとともに、当該目的達成のために協力義務があることを丁寧に伝え、理解を得る必要があります。社内規程において、事業主の調査に可能な限り協力する義務を定めていることも多く、そのような条項があれば、それを引用して協力を求めましょう。

　この点、事業主の調査に対し、被害者・行為者以外の従業員がいかなる範囲で協力すべき義務を負うかについては、その職責および業務内容によって異なります。すなわち、部下の職場環境に配慮することは、上司の業務の一環ですので、被害者の上司に当たる従業員は調査に全面的

に協力する義務を負います。同様に、行為者の上司に当たる従業員についても、行為者に対する監督は業務の一環であることから、調査に全面的に協力する義務を負います。

　他方で、ハラスメントの目撃者等の従業員については、労働契約上、必ずしも全面的な協力義務を負うものではなく、必要かつ合理的な範囲で協力することで足りるとされています。この点、富士重工業事件（最高裁三小　昭52.12.13判決）は、労働者は使用者の行う他の労働者の企業秩序違反事件の調査について、これに協力することがその職責に照らし職務内容となっていると認められる場合でないか、または調査対象の性質、内容、違反行為見聞の機会と職務執行との関連性、より適切な調査方法の有無等の諸般の事情から総合的に判断して、必要かつ合理的であると認められる場合でない限り、協力義務を負わないと判示しました。

## ［5］被害者、目撃者等の第三者へのヒアリング終了後の検討

　被害者、目撃者等の第三者へのヒアリング終了後は、行為者のヒアリングを残すのみとなります。行為者のヒアリング前に、それまでのヒアリング記録や提出された証拠等を整理し、それをベースに時系列で仮のストーリーを組み立ててみましょう。そのストーリーに不自然さや違和感がないかどうか、行為者の立場に立った場合に、争いがないと思われる事実関係はどれか、行為者が争うであろう事実関係や想定される行為者の主張を予想し、行為者への聴取事項をつくります。問題の言動について行為者が認めることは通常期待し難いため、仮に行為者が問題の言動を否認した場合、被害者が主張する事実関係を認定できるかどうかについても、あらかじめ検討しておきましょう。

# ヒアリング例：対関係者

## ［１］ヒアリングの事前説明

■　本日はヒアリングにご協力いただきましてありがとうございます。

✓まずヒアリングに協力いただくことのお礼を述べましょう。

■　私たちは、コンプライアンス部の職員であり、Yさんの Xさんに対する言動について、本日のヒアリングを担当しますので、よろしくお願いいたします。

✓相談窓口への相談を契機とした調査であることは、伝えないようにしましょう。

■　ヒアリングの流れについてご説明します。まず、私たちからあなたに対し、あなたや Xさん、Yさんの業務内容や関係性などについてお聞きした後、Yさんの Xさんに対する言動に関する事実関係、その前後の Xさんや Yさんの言動などをお聞きしたいと思います。

■　法律上、ヒアリング等の事実確認に協力したことによる不利益な取扱いは禁止されていますので、率直に事実をお話しいただければと思います。

✓就業規則や規程で、不利益取扱いの禁止を定めている場合は、それも引用しましょう。

■　私たち調査担当者の役割は、中立的な立場で各関係者からヒアリングし、事実関係を確認することであり、どのサイドにもくみするものではありませんので、ご理解ください。

■　ヒアリングについては、録音をご了承いただきますようお願いいたします。録音は、聴取した事実を正確に記録することを目的としています。

■　（自分も録音したいとの希望が出された場合）ヒアリングでは、当事者以外の第三者の氏名やプライバシーに関わる情報も含まれますので、ヒアリングの対象とされた方の録音は控えていただきたく存じます。メモをされることは差し支えありません。

■　ヒアリングで聴取した内容については、事実関係の確認のため、他の聴

取対象者に開示する場合もありますので、ご了承いただきますようお願いいたします。ヒアリング以外の目的で使用することはありませんので、ご安心ください。

■ 本日のヒアリングは1時間程度で終えることを予定しています。追加でお聞きする必要がある場合には、お手数ですが、再度ヒアリングを実施させていただければと思います。または、本日1時間を経過した時点で、続けてヒアリングすることに差し支えがない場合は、そのまま継続してヒアリングさせていただくことも可能ですので、ご遠慮なくおっしゃってください。

■ 休憩やトイレ等は、いつでもご自由に申し出てください。また、途中で気分が悪くなった場合はすぐにおっしゃってください。

■ 調査は関係者のプライバシーに関わる事項を含みますので、ヒアリングを受けたことおよびその内容については、一切口外しないようお願いします。万一口外された場合には、懲戒処分の対象となりますのでくれぐれもご注意ください。

✓誓約書にサインをもらいます。

## ［2］業務内容等の確認

■ まず、業務内容について確認させていただきますが、あなたは、○年に当社に入社され、○○部に配属されたということですね。

■ あなたが担当されている業務内容を教えていただけますか。

■ Xさん、Yさんと業務上の接点はありますか。

■ XさんとYさんとは、どのような関係ですか。

## ［3］事実関係の確認

■ 本件で問題とされているYさんの発言は、以下の○点です。

① ○年○月○日 「○○○」

② ○年○月○日 「○○○」

③　○年○月○日　「○○○」

④　・・・

■　まず①についてお聞きしますが、あなたは、このYさんの発言がなされたとき、その場にいましたか。

■　(その場にいた場合)Yさんの発言はこのとおりでよいでしょうか。

■　Yさんがこの発言をするに至った流れをご説明いただけますか。

■　Xさんは、このYさんの発言を受けて、どのように対応しましたか。

■　あなたは、このYさんの発言についてどう思われましたか。

■　①の件の後、Xさんの様子はどうでしたか。

■　日頃のYさんのXさんに対する言動について、何かお気づきの点はありますか。

■　あなたから見て、XさんとYさんとの関係はどのようなものでしょうか。

## ［4］ヒアリングの結び

■　今日のヒアリングは、これで終わりです。今後の調査次第ですが、確認のため、再度お話を伺う可能性がありますので、ご了承ください。

■　何かご質問がありましたらご遠慮なくお願いいたします。

■　長時間ありがとうございました。

# 5 行為者へのヒアリング

## ［1］聴取事項

　行為者から聴取すべき事項は、主に以下のとおりです。

---

(1)行為者と被害者との関係

(2)被害者および行為者の各業務内容

(3)被害者が主張する行為者の言動に関する認否・反論

(4)(被害者が主張する行為者の言動の全部または一部を認める場合)

　　その言動がなされた背景、目的、必要性

---

(5)（被害者が主張する行為者の言動を否認する場合）行為者が主張する被害者とのやりとりの具体的内容

## (1)行為者と被害者との関係

　被害者に確認するのと同様に、行為者からも、被害者との関係について確認します。行為者が被害者と同じ職場で働いている場合には、被害者との日々のコミュニケーションの状況について具体的に聞きましょう。

　被害者と行為者が同じ部署等に所属する場合において、被害者や第三者からのヒアリングを経て、行為者が被害者とあまりコミュニケーションを取っていないことがうかがわれる場合には、その理由も確認します。業務が忙しかったのか、被害者に対し何らかの不満を持っていたのか（その場合それはなぜか）、行為者に率直に尋ねます。

　パワハラの場合、日頃の勤務態度や勤務成績等のみならず、何らかの理由で被害者の振る舞いに不満を持っていることが、問題の言動発生の背景にある場合も見られます。もっとも、行為者が被害者に対し、特に不満や嫌悪の情を持っておらず、その言動も嫌がらせ目的ではなかったとしても、被害者が苦痛に感じていたのであれば、ハラスメントに該当する可能性がありますので、行為者の心情や意図はハラスメントの判断の際の一つの事情にとどまります。

　セクハラの場合、被害者と行為者との間で、メッセージアプリやメールなどで個人的なやりとりがなされていることや、被害者と行為者の2人で食事に行くなど業務時間外で接点を有していることもあります。例えば、行為者が被害者と2人で食事に行った場合には、どちらが誘ったのか、昼か夜か、どのような雰囲気の店を選択したか、会話の内容はどのようなものであったか等を聞くことにより、食事の目的が業務に関連するものであったのか、そうでないかを推認することができます。被害

者や第三者から聞いた内容や被害者から提出されたメッセージアプリの内容等を踏まえ、行為者に対し、被害者との関係性についてどう捉えていたのか、被害者からどう思われていると認識していたのか、なぜそう認識したのかを確認しましょう。行為者が被害者の上司の場合、上司との関係性を保ちたいと考える被害者の言動により、被害者から好意を寄せられていると行為者が勘違いをしていることもあります。

## (2)被害者および行為者の各業務内容

　被害者と行為者の各業務内容については、業務上の接点の有無や頻度に関わりますので、日々どのように業務を遂行しているのか、具体的に確認します。日々の業務のフローやルーティンワーク、（もしあれば）業務上のノルマなどについて説明してもらいましょう。

　行為者が被害者の直属の上司であり、行為者の指示指導により業務を遂行している場合、行為者の被害者に対する対応は、被害者の業務遂行に大きな影響を及ぼします。特に、新入社員や配置転換直後など被害者が業務に不慣れな場合には、上司として、フォロー体制を整えることや業務負担の軽減も検討する必要がありますので、そのような配慮をしていたかどうかも聞いたほうがよいでしょう。

## (3)被害者が主張する行為者の言動に関する認否・反論

　被害者が主張する行為者の言動については、ヒアリングの最も重要な事項であり、一つずつ行為者に事実関係を確認します。どの言動が問題とされているか分からず、十分な弁明の機会を与えられなかった等と主張されることのないよう、いつ、どこで、誰に対して行った、どのような言動が問題とされているのかを明確に示した上で、その一つひとつについて認否させ、否定する場合には行為者が認識している事実関係を確認する必要があります。例えば、行為者が「そのようなことは言っていない」などと事実関係を否定する場合には、「（被害者に）そのように受

け止められる可能性のあることを言った覚えはありませんか」「それでは、そのとき、どのようなやりとりをしたのか、教えていただけますか」などと質問し、具体的な言動を確認しましょう。

　問題とされた言動が多数に及ぶ場合には、被害者や第三者からの事情聴取の結果を基に事実関係を整理したメモを作成し、当該メモを行為者に提示し、それに沿って事実関係を確認することも考えられます。

　パワハラの場合、被害者が主張する事実関係について、行為者がすべて否認することは少なく、一定の範囲で言動自体は認めた上で、その態様や指示指導の必要性が問題となることが多いといえます。

　セクハラは、被害者・行為者2人のみの場で行われることが多く、客観的証拠も少ないことから、パワハラと異なり、被害者が主張する事実関係の有無自体が争いとなる場合が多いといえます。

　なお、ハラスメントは、力関係に差がある場合に発生することが多く、被害者は相談により自らに不利益が生じるのではないか、行為者から仕返しをされるのではないか等を心配し、相談したこと自体を行為者に知られることをできる限り避けたいと希望している場合があります。セクハラの場合にはその性質上、より一層、被害者がそのように希望することもあります。

　しかし、実効的な調査を行い、必要な場合に懲戒処分を実施するためには、具体的なハラスメント被害の事実関係（いつ、誰が、誰に対し、どのような言動をしたか）を行為者に示すことが原則です。「複数の従業員から、あなたが自身の性的経験を話したと聞いているが、心当たりはないか」など、抽象化した事実関係しか示さない場合、行為者には十分な弁明の機会が与えられたとはいえず、懲戒処分の効力が否定される可能性があります。被害者に対しては、行為者に具体的な事実関係を示してヒアリングする必要があり、そうでなければ懲戒処分の効力が争われ、ハラスメントの再発が防止できないおそれがあることを説明し、理解を得るようにしましょう。

> **裁判例** 　**京都市（北部クリーンセンター）事件　大阪高裁　平22. 8.26判決**
>
> 　女性臨時従業員に対するセクハラ行為その他の非違行為を理由として懲戒免職されたX市の事務所長が、懲戒免職の効力を争った事案です。
>
> 　この事案では、事務所長の事情聴取の際、「あなたから性的な発言をされ不愉快な思いをしたとの話を複数の者から聞いた」「内容は、あなたがその女性と性的関係を持つことを希望していること、あなたの性的な経験もしくは考え方を明らかにすること、その女性の性的関係を聞くこと等である」という程度しか事実関係を明らかにせず、事務所長が否定しても、それ以上に具体的な事実を示しませんでした。これについて裁判所は、セクハラ発言について、それまでの両者の関係や当該発言の会話全体における位置づけ、当該発言がされた状況等も考慮する必要があるところ、セクハラ行為の時期や相手方、発言内容が具体的に特定されていないこと等から、弁明の機会を与えておらず、処分理由とすることはできないとして、懲戒免職処分を取り消しました。

### ⑷（被害者が主張する行為者の言動の全部または一部を認める場合）その言動がなされた背景、目的、必要性

　行為者が問題とされた言動の全部または一部を認める場合には、その言動がなされた背景、目的、必要性について、確認しましょう。言動の意図・目的に必要性・合理性がないことは（例えば、いじめや嫌がらせ目的）、ハラスメント該当性の大きな判断事情となります。他方で、言動の意図・目的に必要性・合理性があるとしても（業務上の指導目的）、その手段・態様が相当でなければ、ハラスメントに該当する場合もあります。

　例えば、パワハラの例で、被害者が「『給料泥棒』と言われた」と主張したのに対し、行為者が「『給料に見合う働きができていない』とは言ったが、『給料泥棒』とは言っていない」と主張するなど、ニュアンスは

似通っているものの、表現次第で受け手に与える印象が全く異なる場合もあります。いずれにしても、そのような発言がなされた背景や原因として、被害者の業務上の能力が低いことや業務上何らかのミスをしたことが推測されますので、被害者の業務上の問題点、それによる業務への影響、行為者の注意・指導の内容などを確認する必要があります。被害者の業務上の問題点を裏づける資料や行為者の注意・指導に関するメール、業務日誌などの証拠も確認しましょう。

　仮に、被害者が業務上ミスをしたことが事実であったとしても、その原因が過大な業務量にある場合や配転直後等で業務に慣れていない場合は注意や叱責ではなく、業務負担の軽減を検討する必要があると考えられます。そのため、被害者が当時担当していた業務内容や業務量についても確認する必要があります。また、被害者の業務成績が芳しくない場合において、教育的指導をせずに、ただ非難することは、被害者に精神的苦痛を与えるだけの有害な行為といえます。

　一方で、行為者自身がその上司からハラスメントを受けていたり、行為者の業務が過大であったりする等により、行為者が余裕がなくストレスフルな状況にある場合には、行為者もある意味被害者としての立場にありますので、その根本原因を解決しなければ、ハラスメントが繰り返されるおそれがあります。

　セクハラは、パワハラと異なり、業務上の必要性はないことが明らかである一方で、被害者の言動に触発されたとか、被害者の同意があったという説明がなされることもあります。なぜそのように行為者が捉えたのか、具体的な被害者の言動やそのときの状況などを確認しましょう。

　また、身体的接触のセクハラについては、例えば被害者が「お尻をなでられた」と主張する一方、行為者は「『もう仕事に戻ってよい』という趣旨で、腰の付近をパンと1回軽くたたいた」として行為態様を争ったり、性的な意図ではないと主張することがあります。ただ、行為態様や行為者の意図はセクハラの悪質性を判断する際の事情とはなるもの

の、身体的接触のセクハラ該当性を否定するものではありません。

## (5)（被害者が主張する行為者の言動を否認する場合）
### 行為者が主張する被害者とのやりとりの具体的内容

　行為者が問題とされた言動を否認する場合には、その当日の行為者と被害者とのやりとりの具体的内容を確認しましょう。

## ［2］行為者へのヒアリングに臨む際の留意点

　行為者へのヒアリングの段階では、相談者や関係者のヒアリングが終わり、ある程度の心証形成がなされているかもしれませんが、行為者がハラスメントをしたと決めつけてヒアリングに臨むことは厳に慎むべきであり、ハラスメントに該当するか否かの評価にも言及すべきではありません。そのような聴取者の姿勢は、聴取者の態度や質問の端々にも表れるものであり、それにより行為者の態度がかたくなになってしまうと、その真意を引き出せないばかりか、最低限聴取すべき事項すら聴取できないことにもなりかねません。

　そもそも行為者は、ハラスメントをしたと疑われている時点で、警戒心を抱いてヒアリングに臨んでいるのですから、まずは、聴取者は、行為者に対し何らの敵意も抱いておらず、あくまで中立の立場であることを理解してもらい、警戒心を解いてもらう必要があります。

　そのため、ヒアリングの冒頭では、入社の経緯や業務内容などの行為者が話しやすい周辺事情から聞いていき、徐々に聴取対象事項に近づいていくことがベターです。行為者のヒアリングでは、時折、「そんなことはしていない。誰がそんなことを言っているのか」などと、ヒアリング対象者の開示を求められることもあります。しかし、ヒアリング対象者の調査に対する信頼を損ねることになりかねませんので、誰が何を話したかについて行為者に開示すべきではありません。

　また、行為者が不合理と思われる弁解をしたり、不誠実な対応をした

場合においても、ヒアリングの実施者が行為者に対し、大声を出したり、人間性を否定するような発言をすれば、その言動自体がハラスメントであると主張されるおそれがあります。担当者は、行為者の発言にかかわらず、あくまで冷静さを保って聴取することに徹するべきです。行為者が不合理と思われる弁解に終始する場合には、あえてそのまま供述させておき、客観的証拠等に整合しないという理由で事実認定に利用することも考えられます。

> **裁判例　三洋電機コンシューマエレクトロニクス事件　広島高裁松江支部 平21. 5.22判決**
>
> 　他の従業員を誹謗中傷した疑いがある従業員（原告）が、人事担当者と面談した際に大声で罵倒された等として、人事担当者および会社に対し損害賠償等を請求した事案です。
>
> 　裁判所は、面談の際、原告がふてくされたような態度を示し横を向いていたことから、人事担当者が腹を立てて感情的になり、大きな声で叱責したこと※について、従業員に対する注意、指導として行きすぎであり、原告の人間性を否定するかのような不相当な表現を用いて叱責したことは社会通念上許容される範囲を超え、不法行為を構成すると判示し、他方で、原告の態度が当該言動の原因となったとして、原判決が認容する慰謝料額300万円は相当な額であるとはいえず、これを変更して慰謝料10万円の支払いを命じました。
>
> 　なお、原告は、面談での会話を人事担当者に秘して録音していたものです。
>
> ---
>
> ※具体的な発言内容
> ・原告が裁判所に訴えると述べたことに対して「正義心か知らないけ
> 　ども、会社のやることを妨害して何が楽しいんだ。あなたはよかれ
> 　と思ってやっているかもわからんけども、大変な迷惑だ、会社にとっ
> 　ては。そのことがわからんのか」
> ・原告が誹謗中傷の事実を否定したことに対して「言ったんだ。ちゃ

んと証拠取れているから。〈中略〉もう、出るとこに出ようか。民事に訴えようか。あなたは完全に負けるぞ、名誉毀損で。あなたがやっていることは犯罪だぞ」
・県外出向の件について「今回の福知山に行く件は、あなたは一切口を挟まないでくれ。迷惑だ」
・その他「前回のことといい、今回のことといい、全体の秩序を乱すような者は要らん。うちは。一切要らん」「何が監督署だ、何が裁判所だ。自分がやっていることを隠しておいて、何が裁判所だ。とぼけんなよ、本当に。俺は、絶対許さんぞ」「会社がやっていることに対して妨害し。辞めてもらう、そのときは。そういう気持ちで、もう不用意な言動は一切しないでくれ。わかっているのか。わかっているのかって聞いているだろう」

## ［3］ヒアリング実施前に行為者が退職届を提出した場合

　調査の呼び出しを受けた行為者が退職を決意し、ヒアリング実施前に退職届を提出するという場合もあります。法律上、退職届の提出から2週間後に雇用契約は終了しますが（民法627条1項）、2週間以内に、ヒアリングを終了させた上で調査結果を踏まえ処分を決めることは至難の業です。調査のみならず業務の引き継ぎもありますので、退職日については、行為者と十分協議して決める必要があります。どうしても行為者が早期の退職にこだわる場合には、2週間という極めてタイトなスケジュールでの調査・事実認定を迫られることとなり、退職前に処分まで至らないことも考えられます。しかし、その場合においても、会社としてできる限りの調査を行った上で事実認定をし、それを基に再発防止策を講じるべきです。

　なお、就業規則や退職金規程に、在職中に懲戒解雇事由に相当する事由が存在した場合には、退職金の不支給または一部を減額する旨の定めが置かれていることもあります。その場合、雇用契約終了後の調査結果次第では、かかる定めに基づき、退職金の不支給・減額や既払いの退職

金の返還を求めることが可能な場合もあります。

## ［４］行為者から弁護士の同席を求められた場合

　ヒアリングに際し、行為者が弁護士の同席を求める場合もあります。しかし、ヒアリングの目的は行為者が認識する事実関係を聴取することであり、法律の専門家である弁護士を同席させる必要はありませんので、断っても問題ありません。もっとも、会社の裁量で弁護士の同席を認めることもあり得ますが、その場合においても、ヒアリングの対象はあくまで行為者ですので、弁護士はオブザーバーに徹して発言を控えることを条件とし、弁護士の意見等があれば、後日書面で伝えてもらうことがよいでしょう。

## ［５］ヒアリングの際の証拠の提示および範囲について

　ヒアリングの際、被害者から提出された証拠や第三者の供述について行為者に提示するか否か、また、どこまで提示するかについては、慎重に判断する必要があり、ヒアリングに臨む前にあらかじめ十分検討する必要があります。特に証拠の開示の可否および範囲については、被害者と認識を共通にして同意を得ておくべきです。例えば、ハラスメントの発言を録音したデータが存在する場合において、行為者が「そのような発言はしていない」と主張するときには、録音データの存在を伝えることにより、「発言したかもしれないが、そのようなニュアンスではなかった」などと供述が変わってくることもあります。その場合においても、あえて録音内容自体を行為者に提示する必要はなく、録音内容を前提として質問をすればよいと考えます。

　また、基本的に、誰が話したかについては開示せず、第三者の供述や他の証拠から認められる事実関係について、行為者の認識を確認することが望ましいといえます。

## ［6］　質疑のポイント

　行為者の回答に対し、「なぜそうしたのか」と理由を確認するための問いを発することにより、思いもかけなかった回答を引き出し、事実関係の解明に役立つことがあります。人間のそれぞれの行動には何らかの理由や必要性があるものですので、重要な場面では、「なぜ」という問いを発することが有用です。それに対し、行為者が理由を具体的に説明できない場合には、何か隠したいことがあるのか等の疑いを生じさせ、供述の信用性の判断に影響を及ぼすことになります。

## ［7］　行為者のヒアリング後の再度のヒアリング

　行為者のヒアリングにおいて、被害者や第三者の供述と対立する供述がなされた場合、被害者や第三者に行為者の供述内容を伝え、認識を確認する必要があります。行為者の供述が一見もっともらしく見えたとしても、被害者や第三者からすれば、容易に反論し、矛盾を指摘することができる場合もあります。行為者の供述を被害者や第三者に確認することなく、事実認定を行っているケースも散見されますが、調査が不十分であったとして被害者の納得を得られないおそれがありますので、再度のヒアリングを実施すべきです。

# ヒアリング例：対行為者

## ［1］ヒアリングの事前説明

■ 本日はヒアリングにご協力いただきましてありがとうございます。

✓ まずヒアリングに協力いただくことのお礼を述べましょう。

■ 私たちは、コンプライアンス部の職員であり、あなたのXさんに対する言動について、本日のヒアリングを担当しますので、よろしくお願いいたします。

✓ 相談窓口への相談を契機とした調査であることは、伝えないようにしましょう。

■ ヒアリングの流れについてご説明します。まず、私たちからあなたに対し、あなたやXさんの業務内容や関係性などについてお聞きした後、あなたのXさんに対する言動に関する事実関係、その前後のXさんとのやりとりなどをお聞きしたいと思います。

■ 法律上、ヒアリング等の事実確認に協力したことによる不利益な取扱いは禁止されていますので、率直に事実をお話しいただければと思います。

✓ 就業規則や規程で、不利益取扱いの禁止を定めている場合は、それも引用しましょう。

■ 私たち調査担当者の役割は、中立的な立場で各関係者からヒアリングし、事実関係を確認することであり、どのサイドにもくみするものではありませんので、ご理解ください。

■ ヒアリングについては、録音をご了承いただきますようお願いいたします。録音は、聴取した事実を正確に記録することを目的としています。

■ （自分も録音したいとの希望が出された場合）ヒアリングでは、当事者以外の第三者の氏名やプライバシーに関わる情報も含まれますので、ヒアリングの対象とされた方の録音は控えていただきたく存じます。メモをされることは差し支えありません。

■ ヒアリングで聴取した内容については、事実関係の確認のため、他の聴

取対象者に開示する場合もありますので、ご了承いただきますようお願いいたします。ヒアリング以外の目的で使用することはありませんので、ご安心ください。

■　本日のヒアリングは１時間程度で終えることを予定しています。追加でお聞きする必要がある場合には、お手数ですが、再度ヒアリングを実施させていただければと思います。または、本日１時間を経過した時点で、続けてヒアリングすることに差し支えがない場合は、そのまま継続してヒアリングさせていただくことも可能ですので、ご遠慮なくおっしゃってください。

■　休憩やトイレ等は、いつでもご自由に申し出てください。また、途中で気分が悪くなった場合はすぐにおっしゃってください。

■　調査は関係者のプライバシーに関わる事項を含みますので、ヒアリングを受けたことおよびその内容については、一切口外しないようお願いします。万一口外された場合には、懲戒処分の対象となりますのでくれぐれもご注意ください。

　✓誓約書にサインをもらいます。


## ［２］業務内容等の確認

■　Xさんは、○年に当社に入社され、○○部に配属されており、あなたはXさんの直属の上司ですね。

■　Xさんとあなたがそれぞれ担当されている業務内容を教えていただけますか。

■　あなたは、業務に関し、Xさんに対し日常的に指示指導をしているのでしょうか。

■　Xさんとは、どのような関係ですか。


## ［３］事実関係の確認

■　本件で問題とされているYさんの発言は、以下の○点です。

① ○年○月○日 「○○○」

② ○年○月○日 「○○○」

③ ○年○月○日 「○○○」

④ ・・・

■ まず①についてお聞きしますが、あなたは、Xさんに対し、このような
発言をしましたか。

（認める場合）

■ この発言はどのような意図でなされたのでしょうか。

■ この発言の前後の流れや状況について教えていただけますか。

■ この発言の後、Xさんの様子で変わった点はありましたか。

■ あなたは、Xさんの様子について、どうお感じになりましたか。

■ あなたは、現時点で、①の発言についてどう思っていますか。

（認めない場合）

■ 今振り返って、Xさんにこのように受け取られる可能性のある発言はな
かったでしょうか。

■ 当日のあなたのXさんに対する発言について、教えていただけますか。


## ［4］ヒアリングの結び

■ 今日のヒアリングは、これで終わりです。今後の調査次第ですが、確認
のため、再度お話を伺う可能性がありますので、ご了承ください。

■ 何かご質問がありましたらご遠慮なくお願いいたします。

■ 長時間ありがとうございました。

# 3 調査で得た情報の取扱い

## 1 厳重なセキュリティー管理

　調査で得た情報については、従業員および第三者のプライバシーに関わる情報が多々含まれるものであり、管理不十分で漏洩した場合には、相談担当者および会社が損害賠償責任を問われるリスクがあります。調査チーム以外の従業員の目に触れず、データにもアクセスできないよう、厳重なセキュリティー管理を実施しましょう。

## 2 調査過程でのアウティングに留意

　性的指向および性自認は機微な個人情報であり、パワハラ指針により、本人の同意を得ないで行う性的指向・性自認の暴露（アウティング）はパワハラと位置づけられています（**第１章**36ページ参照）。性的指向・性自認に関わるハラスメントについては、調査の過程で意図せぬアウティングにならないよう留意しなければなりません。具体的には、性的指向や性自認が関わる案件については、ヒアリングに際し、第三者への開示の可否やその範囲について、当事者に十分確認する必要があります。

　2019年の９月から12月にかけて、ライフネット生命保険株式会社が宝塚大学の日高庸晴教授に委託したLGBTの当事者約１万人を対象に行った調査（「宝塚大学看護学部日高教授 第２回LGBT当事者の意識調査 [ライフネット生命委託調査]」）によると、全体の25.1％、約４人に１人が「アウティングされた経験がある」と回答したとのことです。いずれのセクシュアリティーにおいてもアウティングされた経験があるとの回答が見られましたが、トランスジェンダーにおいてより明確であったことが示されています。

　また、社会人当事者の78.9％が、「職場で差別的な発言を聞いた経験

がある」と回答しており、SOGIハラの発生につながる職場環境が多いことがうかがわれます。

## 3 資料の返却

　相談者から資料等を預かっている場合には、相談者が返却不要と伝えた場合を除き、調査終了後速やかに相談者に返却します。相談者から受け取る際に、預かり資料のリストを作成しておくとよいでしょう。調査終了後速やかに返却しない場合、相談者との間でトラブルとなる場合もあります。

> 裁判例 **東京地裁　平23. 8. 1判決**
> 　パワハラの相談をした際に相談者が預けた資料について、相談者が何度もメールで返却を求めたにもかかわらず、長期間（１年６カ月）返却しなかった事案で、会社の対応は不法行為であるとして、慰謝料（10万円）および弁護士費用（１万円）の損害賠償が命じられました。会社は、当該文書がいずれも再作成・再入手が可能であり、損害がないと主張しましたが、相談者が再三にわたり返還を求めていた経緯に鑑み、相談者が重要であると考えていたことは明らかであるとし、会社の主張を排斥しました。

# 4 事実認定の留意点

## 1 証拠と争点との関係

　事実認定に際しては、ヒアリングで得た供述や調査で収集した証拠と争点とされている事実との関係を正確に理解する必要があります。事実認定に供される証拠は、直接証拠と間接証拠の二つに大別でき、収集した証拠がそのいずれに該当するかをまず分類します。直接証拠は、争点

**図表 4 - 1** 争点と証拠の構造

【行為者が被害者である新入社員に対し、交際相手の有無を聞くほか、「愛人にならないか」と発言するなどのセクハラ行為をしたとの申告がなされたが、行為者が言動を否定している場合】

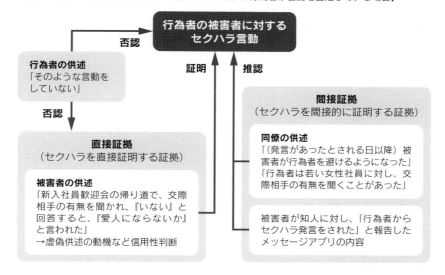

とされている事実を直接的に証明するものであり、間接証拠は、争点とされている事実を推認する具体的事実（間接事実）を証明するものです。

　例えば、「上司が部下の新入社員に対し、交際相手の有無を聞くほか、『愛人にならないか』などの発言をしたかどうか」を争点とするハラスメント事案では、以下のような証拠が挙げられた場合、これらは直接証拠、間接証拠のそれぞれに分類され、争点と証拠の構造は**［図表 4 - 1］**のようになります。

- 「新入社員歓迎会の帰り道で、上司から交際相手の有無を聞かれ、『いない』と回答すると、『じゃあ、俺の愛人にならないか』と言われた」との被害者の供述…直接証拠
- 「被害者は、新入社員歓迎会以降、上司を避けるようになった」「上

司は、若い女性社員に対し、交際相手の有無を聞くことがあった」
との同僚の供述…間接証拠
- 被害者が知人に対し、「上司からセクハラ発言をされた」と報告し
たメッセージアプリの内容…間接証拠

　ハラスメント言動を受けたとの被害者の供述や、それを目撃したとの
第三者の供述、ハラスメント言動の録音データは、ハラスメントの事実
（争点とされている事実）を直接証明するものであり、直接証拠です。
他方で、被害者が第三者にハラスメントを相談した事実や、被害者が日
記やメモにハラスメントについて記載した事実は、ハラスメントの事実
を推認する間接事実であり、これらを基礎づける供述、日記やメモなど
の証拠は間接証拠です。
　このように、収集した証拠について、直接証拠、間接証拠のそれぞれ
に分類した上で、それぞれの証拠の信用性（特に次の**2**で述べる供述の
信用性）を判断します。

## **2 供述の信用性を判断するためのポイント**

　ハラスメント事案の場合、特に密室で行われるセクハラの場合には、
ハラスメントをされたという被害者の供述しか直接証拠がない場合があ
ります。被害者の供述を行為者が認める場合には、行為者が虚偽の自白
をするという例外的な場合を除き、ハラスメントを認定することに問題
はありませんが、行為者が否認する場合には、いずれの供述を信用すべ
きか、難しい判断となります。しかし、このような場合でも、「行為者
が否認しているから、ハラスメントの認定はできない」と安易に結論づ
けるべきではなく、間接証拠も踏まえ、供述の信用性について慎重に検
討する必要があります。
　供述の信用性の判断について、絶対的な基準があるわけではなく、以
下の[1]～[7]で述べる供述の具体性・一貫性、それを裏づける客観的

な証拠の有無および内容、虚偽を述べる動機の有無等を総合的に考慮して行います。

　これは、民事訴訟における事実認定のアプローチであり、このアプローチに沿って事実認定をし、懲戒処分の可否および程度を判断することは、その後訴訟等の法的手続きとなった場合におけるリスクヘッジにもなります。もっとも、訴訟等の法的手続きに移行した場合には、有利不利を問わず、新たに判明する証拠もあるため、それによって事実認定に差異が生じることもあります。

## ［1］ 供述の具体性・一貫性

　被害者の供述が具体的で迫真性があることは、実際に被害を体験していなければ語ることができないものであるため、その信用性を補強する事情の一つとなります。例えば、日時・場所が特定されていること、ハラスメントの内容や態様が具体的であり、その当時の心情も語られている場合などです。

　また、初回の相談およびヒアリングにおいて、供述がぶれずに一貫していることや、自らの行為の必要性や合理性を具体的に説明していることも、信用性を補強する事情の一つとなります。

## ［2］ 裏づけ証拠の有無

　被害者の供述に沿う証拠（物的証拠や第三者の供述）は、その供述の信用性を補強するものです。

### ⑴物的証拠

　基本的に、メールや録音データなどの客観的証拠は信用性が高いと考えられますが、技術の発達により改ざんや編集が可能であることに留意し、他の証拠に照らし、不自然な点はないかを確認する必要があります。すなわち、メール等の内容・送受信の時期、そのメール等に関する相手

の供述内容やその他の証拠とも照らし合わせて、その信用性を判断すべきです。また、メール等それ自体は、そのときに記載された内容を作成し送信したという限度で事実と認められるべきものであり、メール等に記載された事実関係そのものの存在が直ちに認められるものではないことに留意すべきです。

　例えば、被害者が会社の飲み会でセクハラを受けたと供述している事案で、被害者が友人に対し、飲み会の直後に、「上司からセクハラされた」旨のメールを送信した場合、そのメールは、セクハラがあったことを推認させる証拠であり、被害者の供述を補強するものですが、このメールのみで、上司のセクハラ行為を認定できるものではありません。

　会話を録取した録音データについては、一方の話者は録音されているとは気づいていないであろうことを考慮し、誘導的な質問がなされていないかどうか、確認する必要があります。録音が会話の一部にとどまる場合には、その前後の経緯が分からないことから、比重を置きすぎることのないよう留意しましょう。

　被害者が作成したメモや日記は、その内容の具体性にもよりますが、ハラスメントを受けた都度記録していたものであれば、相応の信用性があるといえます。また、被害者が社内外の第三者に行為者の言動について相談していたという事実も、被害者の供述の信用性を裏づけるものとなります。そのため、被害者には、メモや日記など被害者が作成した記録、社内外の第三者への相談を裏づけるメールやメッセージアプリでのやりとりなどがあれば、提出を求めるとよいでしょう。

### ⑵第三者の供述

　被害者の供述が第三者の供述と整合することは、被害者の供述の信用性を補強する一つの事情となります。しかし、第三者が置かれた立場に照らし、第三者の供述が細かい部分まで不自然に整合することは、被害者との口裏合わせを疑わせる事情にもなりますので、その場合は、第三

者と被害者との関係性についても考慮する必要があります。

## ［3］虚偽供述の動機の有無

　供述が対立する場合には、各供述者の立場や動機（あえて虚偽を述べる動機があるかどうか）についても考慮すべきです。

### (1)被害者の供述

　被害者については、被害者と行為者との関係性や被害者の置かれている立場などに鑑み、架空の被害を訴える動機があるかどうか、行為者を陥れる動機があるかどうかをチェックする必要があります。例えば、セクハラの場合には、実際には過去に恋愛関係にあり、別れ話がもつれてセクハラと主張するようになったという事案もあります。

　これに対し、パワハラの場合には、架空の被害をでっち上げるというよりも、行為者の言動の受け止め方の違いによる場合が多いといえます。メンタルが弱っている場合には、行為者の言動を過剰にネガティブに受け止めてしまうこともありますので、被害者の心身の状態も確認しましょう。

### (2)第三者の供述

　第三者についても、被害者と同様に、第三者と行為者との関係性や第三者が置かれている立場などに鑑み、行為者の言動について過小あるいは過大に評価する傾向があるかどうかをチェックする必要があります。例えば、同じ部署内におけるハラスメントの事案において、行為者の上司に当たる者が、同じ部署の他の従業員よりも、行為者の言動の問題点について控えめに述べる場合、それは、ハラスメントの発生・継続を看過したことについて自らの監督責任を問われるおそれがあることの懸念による可能性があります。

　また、何の利害関係もない第三者とみられる場合であっても、社内の

力関係に鑑み、行為者・被害者のいずれかに偏った供述をする場合もありますので、第三者の供述であるからといって直ちに信用できると判断すべきではありません。

## ［4］ハラスメント発生からの時間の経過

　被害者が主張するハラスメントの発生からその申告までの間に相当の期間が経過している場合には、なぜハラスメント発生から申告までに時間を要したのか、確認する必要があります。できるだけ事を荒立てないよう、友人や同僚等に相談をしていたものの、状況が改善されないことから、やむを得ず申告に至ったということもありますので、申告まで相当の期間を要したからといって、被害者の供述の信用性が減殺されるものではありませんが、申告のタイミングについても、その背景事情を聞くことが被害者の主張の全体像の理解につながるといえます。

## ［5］ヒアリングにおける態度

　ヒアリングにおける態度も、供述の信用性の比較に際し考慮すべき事情の一つです。質問に対し正面から回答せず、はぐらかす場合には、何か隠したい点があることが推察されますし、質問に対し、「覚えていません」「分かりません」などと、ただ否定するばかりで具体的な弁明をせず、投げやりな態度である場合も同様です。

　また、パワハラで暴言が問題となっている事案では、ヒアリングの際に、行為者の性格や会話における傾向が感じ取れる場合もあります。例えば、ヒアリングの際に、聴取者の質問を遮って持論をまくしたてたり、感情が高ぶると口調が早く強くなったりするなどの傾向があることは、被害者に対する関係においても、同様の対応がなされていたことを推認する一つの事情となります。

## ［6］　被害者の業務上の能力などの事情

　上司などの関係者からのヒアリングにおいて、行為者のほうが業務上の能力が高いとして、被害者と比べて行為者のほうがより信用できると関係者が主張する場合もあります。上司や経営陣からすれば、業務上の能力が高く、会社への貢献度が高い行為者を信頼し、より保護すべきであると考えるかもしれません。しかし、業務上の能力にかかわらず、ハラスメントは発生し得るものですので、供述の信用性の判断に際しては、被害者と行為者の業務上の能力の多寡を考慮すべきではありません。

【供述の信用性の判断の例】

［被害者の具体的供述］

- 「新入社員歓迎会の帰り道で上司と一緒になった際、上司から交際相手の有無を聞かれ、『いない』と回答すると、『どのくらいいないの？』『じゃあ、俺の愛人にならないか。悪いようにはしないから』と何度も言われた。多少酔っているのだろうと思い適当に受け流したが、妻子ある上司からそのような発言がなされたことに驚くとともに、自分がばかにされているかのように感じられ、腹立たしい気持ちが収まらず、駅での別れ際も素っ気なく『失礼します』と言って別れた」

- 「自宅に帰る途中で、友人にメッセージアプリで報告した」

- 「次の日も腹が立っていたので、職場で会ったときも、上司と目を合わせず、その後も必要最小限しか話さないようにしている」

- 「入社して間もない時期であり、我慢して上司の下で働いていたが、同僚から、ハラスメント相談窓口があることを聞いたので相談しようと思った」

［被害者の供述の信用性を基礎づける事情］

- 被害者は新入社員であり、上司との間で特にトラブルはなく、虚

偽を申告して上司を陥れる動機は見当たらない。

- 被害者は、新入社員歓迎会の帰り道における上司とのやりとりを具体的に話し、その当時の心情も明確に説明している。
- 同日夜に上司の発言について友人にメッセージアプリで報告しており、その内容とも一致している。
- 同日以降、被害者が上司に対しよそよそしい態度を取るようになったとの同僚の供述とも一致している。
- 被害発生から申告まで数カ月経過しているが、新入社員という立場で表立って抗議することがはばかられることも心情として理解できるところであり、たまたま同僚から相談窓口があることを聞いて相談するに至ったという経緯は自然である。

**→被害者の供述は信用できる**

### ［7］ 過去のハラスメント事案

　行為者が過去にハラスメントを行ったことは、現在問題となっている事案の調査をより深く行うべきという事情にはなりますが、それをもって、今回もハラスメントを行ったという事実認定の基礎事情にはできないことは当然です。

## ❸ 調査報告書

　調査実施後、調査報告書を作成します。一般的な調査報告書の構成は以下のとおりです（具体的な体裁は**巻末資料5**、210ページ）。

①調査対象事項
　調査対象となる事実関係
②調査の経緯
　調査の端緒（例：相談窓口への相談受付）およびその後の経過

③調査体制

　調査を担当するメンバー

④調査手法

　実施した調査の手法（関係者ヒアリング、アンケートなど）

⑤調査の基礎となる資料

　調査の基礎となる客観的証拠

⑥認定事実・理由

　調査の結果、認定した事実関係とその理由

⑦認定事実のハラスメント該当性

　認定した事実関係が就業規則等で禁止されているハラスメントに
　該当するか否かとその理由

⑧原因分析・再発防止策

　調査により把握した事情に基づく原因分析、再発防止策

## ①調査対象事項

　調査対象事項については、調査の範囲を明確にするため、期間を含め
できる限り特定して記載します。

## ②調査の経緯

　なぜ調査を開始したのか、調査の必要性を示すために、調査の端緒（例：
被害者からの相談窓口への相談）について記載します。

## ③調査体制

　調査体制を明示するため、調査を担当するメンバーの氏名と所属先を
記載します。

## ④調査手法

　実施した調査の手法を記載します。例えば、関係者のヒアリングをし

たのであれば、いつ誰にヒアリングしたのか、アンケートを実施した場合にはその時期、内容および対象者を記載します。

### ⑤調査の基礎となる資料

　調査の基礎とした資料（録音データ、メモ、メッセージアプリでのやりとりなど）を記載します。事実認定の根拠となるものですので、具体的に記載します。

### ⑥認定事実・理由

　調査の結果、認定した事実関係とその理由を記載します。認定した事実関係に基づき懲戒処分の可否を検討することになりますので、他の事実と区別できるようにするため、態様、日時などできる限り具体的に記載します。

　続いて、当該事実を認定した理由について記載します。その際には、認定した事実を裏づける証拠を明示し、認定により不利益を被る側の弁明や説明を排斥する理由を記載します。

### ▶真偽不明の場合

　社内調査においては、強制的な調査権限がないことから、調査を尽くしても、被害者が主張する事実関係が確認できず、真偽不明とせざるを得ない場合もあります。その場合には、調査報告書の結論は、「○○の事実は認定できない」「○○の事実を認定するに足りる証拠はない」などになります。

　この場合、調査により認定できた範囲の事実関係に基づき、懲戒事由該当性および人事権行使について検討することになります。例えば、上司が部下に対し、人格を否定する発言をしたことが認定できないとしても、長時間にわたり他の従業員の面前で叱責したことが認定できるのであれば、それに基づき懲戒処分や人事権行使を検討することになります。

### ⑦認定事実のハラスメント該当性

　認定した事実関係が就業規則等で禁止されているハラスメントに該当するか否かとその理由を記載します。就業規則等でハラスメントを禁止する旨の条項が定められている場合、ハラスメントの定義については、各指針に準じて定められていることが一般的であり、ハラスメント該当性の評価に際しても、各指針が参考になります。しかし、各指針で列挙されている言動は例示にすぎず、列挙されていない言動であってもハラスメントと評価すべき場合もあります。

　また、次の**4**で述べるとおり、ハラスメントごとに、被害者の業務の内容、加害行為の性質・態様を含めてさまざまな事情を検討する必要があり、事案によっては相当に難しい判断が求められる場合もあります。そのため、調査に際し法律の専門家である弁護士が関与していない場合であっても、調査で認定された事実関係を基礎として、ハラスメント該当性について弁護士の意見をもらうことも有用と考えます。

### ⑧原因分析・再発防止策

　ハラスメントに該当するとの結論に至った場合はもちろん、その結論に至らない場合においても、問題の言動が発生した原因およびその背景について分析し、再発防止策を検討し、実施すべきです（**第5章**で詳述）。

## 4 ハラスメント該当性の判断

　ハラスメント該当性の判断については、各ハラスメントの特性に応じて行う必要があり、それぞれに難しさがあります。

## ［1］各ハラスメントに共通する留意点

　1回きりの言動ではなく、一定期間にわたり継続した言動の場合、その一つひとつについてはハラスメントとまではいえないとしても、繰り返されることにより、全体としてみれば、精神的苦痛を与えるものとし

てハラスメントと評価すべき場合もあります。個別の言動に集中するのではなく、全体を俯瞰し、当該言動が全体として精神的苦痛を与えるものであったか否かを判断すべきです。

## ［２］ セクハラの場合

　セクハラでは、一般的に、問題となる言動の有無自体が主な争点となる場合が多いといえますが、行為者が当該言動を争わない場合においても、行為者から、「被害者が同意していた」「被害者と恋愛関係にあった」ことから、セクハラ（意に反する性的言動）ではないという主張がなされることもあります。メール等のやりとりから、行為者と被害者が親密な関係にあるかのように見えることもあり、「意に反する」か否か、一見して明らかではない場合もあります。

　例えば、会食の席で行為者が被害者の身体に接触するセクハラをしたと被害者が主張している事案で、会食後に、被害者から行為者に対し、「今日はありがとうございました」などとあいさつやお礼のメールを送信している場合や、行為者と被害者との間で、個人的に食事をするなど職場外での交流がなされている場合です。しかしながら、そのような場合であっても、被害者の同意や両者の関係性について、行為者の主張を直ちに認めるべきではありません。すなわち、被害者と行為者との社内の力関係や立場の違いによっては、被害者は、仕事を継続するため、行為者との関係を荒立てないよう、表立って行為者に異議を唱えることなく、行為者に迎合するかのような対応をとらざるを得ない場合があるからです。例えば、非正規職員が管理職からセクハラされた場合、契約期間満了後の更新がなされなくなるのではないかと恐れ、抗議をしたり被害を訴えたりすることをためらうケースは十分に考えられます。

　この点については、厚生労働省の「心理的負荷による精神障害の認定基準」（平23.12.26　基発1226第１、最終改正：令２.8.21　基発0821第４。2023年秋以降、一部改正される見込み［**第１章**42ページ参照］）の以下

の記載が参考になります。この基準は、うつ病などの精神障害の労災認定の際に厚生労働省が判断の基礎としているものです。

【セクハラ事案の留意事項】

①セクハラの被害者は、勤務を継続したいとか、セクハラの行為者からのセクハラの被害をできるだけ軽くしたいとの心理などから、やむを得ず行為者に迎合するようなメール等を送ることや、行為者の誘いを受け入れることがあるが、これらの事実がセクハラを受けたことを単純に否定する理由にはならないこと。

②被害者は、被害を受けてからすぐに相談行動をとらないことがあるが、この事実が心理的負荷が弱いと単純に判断する理由にはならないこと。

③被害者は、医療機関でもセクハラを受けたということをすぐに話せないこともあるが、初診時にセクハラの事実を申し立てていないことが心理的負荷が弱いと単純に判断する理由にはならないこと。

④行為者が上司であり被害者が部下である場合、行為者が正規職員であり被害者が非正規労働者である場合等、行為者が雇用関係上被害者に対して優越的な立場にある事実は心理的負荷を強める要素となり得ること。

　他方で、被害者が行為者に対し、自ら身体接触や性的な発言をしていたような場合には、問題の言動の態様にもよるものの、行為者が自らの言動を許容範囲と考えていたことはやむを得ないとして、（セクハラに該当する場合であっても）懲戒処分の可否や量定の判断においては被害者の言動を考慮すべきです。

## ［3］ パワハラの場合

### (1)パワハラの考慮要素

　セクハラは業務上の必要性が全くない言動ですので、問題となった言動が事実であると認定できれば、被害者の同意の有無が問題となる事案を除き、就業規則等で禁止しているセクハラかどうかの評価はさほど難しいものではありません。

　これに対し、パワハラは、業務上必要な指示指導との線引きが明確でないため、問題となった言動が事実であると認定できたとしても、それが就業規則等で禁止しているパワハラに該当するかどうかという判断には困難が伴います。多くの会社では、就業規則等において、パワハラ指針に沿ってパワハラを定義し、禁止していますので、パワハラか否かの判断に際しては、以下のパワハラ指針に定める考慮要素が参考になります。

- 言動の目的
- 被害者の問題行動の有無や内容・程度を含む、当該言動が行われた経緯や状況
- 業種・業態
- 業務の内容・性質
- 言動の態様・頻度・継続性
- 被害者の属性や心身の状況
- 行為者と被害者の関係性

### (2)ミスをする部下に対する指示指導

　業務上ミスをした部下に対し、必要な指示指導を行うことは、上司の職務であり当然のことです。ミスを繰り返す部下に対し、どの程度厳しい指示指導が許されるかは、ミスの頻度や内容、業態、部下の属性や心身の状況にもより、ケース・バイ・ケースで判断する必要があります。

例えば、医療機関においては、単純ミスが医療過誤につながるおそれがありますので、ミスを繰り返す部下に対し、ときに厳しく指示指導することは必要であり、許容されるものです。

指示指導が適正な範囲か否かの判断に際し、ミスの内容や頻度、それが業務遂行に与える影響を考慮することは当然ですが、その当時の従業員の心身の状況や業務量も考慮する必要があります。すなわち、威圧的な上司の下で常に細かくチェックされ、厳しい指示指導を受けているような場合、部下はストレスにより正常な判断ができず、通常であれば犯さないであろうミスを犯してしまうこともあるからです。とりわけ、経験の足りない新入社員や、病気休職し復職した直後など心身の状況が不安定な従業員の場合には、その従業員の属性や心身の状況に応じた指示指導が求められ、それを超える場合にはパワハラに該当する可能性があります。

また、業務量が過大である場合、ミスを減らすには注意・叱責ではなく、業務量を減らすことが必要です。業務量を減らすことなく、注意・叱責を継続することもパワハラに該当する可能性があります。

なお、注意・叱責に業務上の必要性があるとしても、その対象は「行動」であり、「人」そのものに向かうべきではなく、人格を否定するような言動は許されず、パワハラと評価すべきです。

### (3)パワハラ指針の「過大な要求」型の判断について

パワハラ指針では、「過大な要求」として、過大な業務負担を課すこともパワハラの一つの類型に挙げていますが、他方で、能力育成のため、少しチャレンジングな業務を与えることが必要な場合もあります。パワハラ指針においては、次のように、「過大な要求」に該当する例と該当しない例を挙げています。

【パワハラに該当すると考えられる例】
①長期間にわたる、肉体的苦痛を伴う過酷な環境下での勤務に直接関係のない作業を命ずる
②新卒採用者に対し、必要な教育を行わないまま到底対応できないレベルの業績目標を課し、達成できなかったことに対し厳しく叱責する
③労働者に業務とは関係のない私的な雑用の処理を強制的に行わせる

【パワハラに該当しないと考えられる例】
①労働者を育成するために現状よりも少し高いレベルの業務を任せる
②業務の繁忙期に、業務上の必要性から、当該業務の担当者に通常時よりも一定程度多い業務の処理を任せる

　「過大」かどうかについて、業務を命じる上司と当該従業員との間で認識に齟齬がある場合もありますので、業務指示に当たって、当該従業員と認識を共通にしていたかどうかを、被害者および行為者からヒアリングすべきです。また、責任感の強い従業員ほど仕事を1人で抱え込んでしまうこともありますので、相談しやすく、周囲がフォローできる環境を整えていたかどうか、定期的にミーティングを行い、必要であれば負担軽減を検討するなどの配慮がなされていたかどうかも確認しましょう。

## ⑷陰湿なパワハラの増加

　パワハラ防止法が制定されたことにより、暴言を吐く、怒鳴るなどのはたから見て分かりやすいパワハラは減少している印象ですが、他方で、陰湿な方法で精神的に追い込んでいくタイプのパワハラが多くなってい

るように思われます。

　例えば、新入社員や配置転換直後の従業員など、上司の助言や指導なしに業務遂行が困難な場合において、上司が部下とコミュニケーションを取ろうとせず、部下から話しかけられても、「今忙しい」「自分で考えてみてはどうか」などと回答し、部下が業務を遂行するために必要な情報や知識を与えないということもあります。このような場合において、上司は、「部下の業務能力が低い」などと説明することがありますが、部下や他の従業員からよく話を聞けば、上司が十分な教育指導をしていなかったり、情報を共有していなかったりすることが原因である場合もあります。部下に話しかけることが日頃はないにもかかわらず、部下の面前で、他の従業員と親しく会話をすることも、部下にとって、上司から嫌われているという感情を抱かせ、差別的取扱いがなされていることを感じさせるものであり、精神的苦痛が大きいといえます。

## ［4］　マタハラの場合

　マタハラ指針では、業務分担や安全配慮等の観点から、客観的にみて、業務上の必要性に基づく言動によるものについては、マタハラに該当しないとされています。具体的には、他の従業員との業務分担の必要上、産休等の制度の利用を希望する女性従業員に対し、変更の依頼や相談をすることや、明らかに具合の悪そうな場合に業務量の軽減や業務内容の変更等を打診することは、マタハラには該当しません。

　しかし、本人は業務上の必要性に基づく言動と意図していたとしても、実際には、産休等の法令上の制度の利用にネガティブな印象を与える言動と捉えられる場合もあります。仮に嫌がらせの意図がないとしても、このような言動は、女性従業員に対し、業務軽減や産休等の法令上の制度の利用を求めることが許されないような印象を与えてしまうおそれがあり、マタハラに該当する可能性があります。

裁判例　**ツクイほか事件　福岡地裁小倉支部　平28.4.19判決**

　デイサービスの営業所で介護職員として勤務していた女性従業員に対し、妊娠を理由とする業務軽減に関する面談時に上司が行った以下の発言[※]について、嫌がらせの目的は認められないにしても、妊娠していることについての業務軽減等の要望をすることは許されないとの認識を与えかねないもので、相当性を欠き、妊産婦労働者の人格権を害するものとして、慰謝料（35万円）の支払いが命じられました。

---

※上司の発言
・「妊婦として扱うつもりないんですよ」（妊娠を理由とした業務の軽減を申し出ることが許されないかのような印象を与える発言）
・「万が一何かあっても自分は働きますちゅう覚悟があるのか、最悪ね。だって働くちゅう以上、そのリスクが伴うんやけえ」（流産を覚悟せよとの印象を与える発言）

---

# 5 懲戒処分における留意点

　懲戒処分を行うには、①就業規則上の根拠規定、②処分の相当性、③適正な手続きの履行が必要です。

　なお、取締役が行為者の場合には、就業規則は適用されませんので、就業規則に基づく懲戒処分をすることはできませんが、取締役規程などで非違行為に対する処分が定められている場合にはそれにより処分することとなります。このような規程がない場合においても、事案によっては、代表取締役や監査役等からの注意指導、報酬の自主返納の勧告、担当業務の変更、不再任、株主総会決議による解任や退職慰労金の不支給などの方法を検討することになります。他方で、取締役兼営業部長など

の従業員兼務役員の場合には、従業員としての地位については就業規則が適用されますので、就業規則に基づく懲戒処分が可能です。

## ◼ 就業規則上の根拠規定

### ［1］懲戒事由および懲戒処分の確認

　一般的な就業規則では、懲戒事由および懲戒処分について定めていますので、まずは自社の就業規則の内容を確認する必要があります。懲戒事由は会社ごとに異なり、ハラスメントに関わる禁止行為について、就業規則とは別の規程を設けている場合もありますので、見落としのないようにしましょう。各指針に基づきハラスメントを定義し禁止している場合が多いと思われますが、「それに類似する行為」も含め広い範囲で禁止している場合もありますので、個々の事案に応じて、各条項のいずれに該当するものであるのか、検討します。なお、ハラスメントに関し個別の定めがない場合においても、「他の職員の職場環境を害する言動をしたとき」のような条項があれば、当該条項の適用を検討します。

　問題の言動について懲戒事由に該当すると判断した場合は、懲戒処分の検討に移りますが、就業規則で定められていない懲戒処分はできませんので、自社の懲戒処分の定めを確認する必要があります。なお、就業規則上の懲戒処分は、問題となった行為時点の内容を適用しなければなりません。行為時点以降に懲戒事由や懲戒処分を追加するなど就業規則を改定したとしても、改定された条項に基づく懲戒処分を科すことはできませんので、ご留意ください。

### ［2］部下が行為者とされた場合の上司の責任

　部下がハラスメントをしていることをその上司が認識しながらこれを改善しなかった場合はもちろん、部下の言動がハラスメントに該当するとの認識がなかった場合においても、部下の言動の態様や回数によっては、ハラスメントと認識すべきであったとして上司の監督義務違反を問

うべき場合もあります。例えば、部下が被害者に対したびたび厳しい叱責をしていることを見聞きしていながら、その制止や改善を求めなかった場合や、被害者の残業が多く業務負担が大きいことを認識していながら、業務内容や業務配分の見直しを検討しなかった場合等です。

　また、部下の言動がハラスメントに該当しないとしても、被害者がそれにより精神的苦痛を感じていることを容易に推察できる場合には、被害者の心理的負担を軽減するため、行為者である部下との引離しや業務負担を軽減するなどの措置を講じる義務を負う場合もあります。

　以上の上司の義務は、会社が従業員に対して負う安全配慮義務によるものであり、上司は会社の履行補助者としての立場にあることから、上司の上記義務違反により、会社が安全配慮義務違反に基づく損害賠償責任を負うこともあります。

---

**裁判例** **ゆうちょ銀行（パワハラ自殺）事件　徳島地裁　平30.7.9判決**

　従業員が他の従業員からのパワハラで自殺したとして、亡くなった従業員の相続人が会社に対し、使用者責任または雇用契約上の義務違反による債務不履行責任に基づく損害賠償請求をした事案です。

　裁判所は、上司である従業員が日常的に強い口調の叱責を繰り返し、呼び捨てにするなどしたことについては、部下に対する指導として相当性に疑問があるといわざるを得ないとした上で、部下が頻繁に書類作成上のミスを発生させたことによるものであり、発言内容は人格的非難に及ぶものとまではいえないとして、一連の叱責は業務上の指導の範囲内としました。

　しかし、亡くなった従業員の体調不良や自殺願望の原因が、上司との人間関係に起因するものであることを容易に想定できた課長や係長は、当該従業員の心身に過度の負担が生じないよう、同人の異動を含めその対応を検討すべきであったが、一時期担当業務を軽減したのみで、そのほか何らの対応をしなかったとして、会社の安全配慮義務違反を認め、逸失利益、慰謝料、弁護士費用の合計6000万円を超える損害賠償を命じました。

　なお、この件では、社内外にハラスメントに関する相談窓口や内部通報窓口が設置されており、パワハラに関する相談や通報がなかったにもかかわらず、会社の債務不履行責任を認めた点が特徴的であり、相談窓口への相談等がない場合においても、会社の責任が認められる場合があるという点に留意すべきです。

**裁判例　新潟地裁　令4.11.24判決**

　X市水道局の男性職員が、一定の経験がないと難しい業務を初めて担当し、上司の「厳しい対応」の影響から会話の少なかった部署内で誰にも相談できず、自身への対応を「いじめ」と感じ、期限までに仕事が終わらなかったことへの叱責を恐れて精神的に追い詰められ、自殺した事案です。

　判決は、上司は、対応を改善して部署内の意思疎通を活性化させ、男性が相談しやすい環境を整える注意義務があったのに、何もしなかったと指摘しました。さらには、問題とされた言動がハラスメントと評価できない場合（すなわち業務上の指示指導の範囲内と評価できる場合）においても、対象とされた従業員がその言動により心理的負担を感じていることを容易に想定できるときには、上司として、配置転換を含め、負担を軽減するための対応を検討すべきであり、何ら対応しなかったことは職務違反に相当するとし、X市に約3500万円の損害賠償を命じました。

## 2 処分の相当性

### ［1］ 相当性を判断する上での考慮事項

　個々の事案でどの懲戒処分が相当であるのかについては、以下の(1)～(9)の要素を総合的に考慮すべきです。

### (1)事案の性質・態様

　ハラスメントの性質・態様については、重い順に、以下の①から④に

大別できます。もっとも、③や④のみに該当する場合においても、それが長期間反復継続してなされた場合には、悪質性が強いものとして評価すべきです。

---

① 暴行、脅迫、傷害、強制わいせつなどの刑法上の犯罪に該当する場合
② 民法上の不法行為に該当する場合（①を含む）
③ セクハラ指針、パワハラ指針、マタハラ指針で定める行為に該当する場合（①②を含む）
④ 職場秩序を乱す言動に該当する場合（①②③を含む）

---

## (2)行為に至る経緯、動機、目的

　業務上の必要性の有無などの行為に至る経緯、動機、目的も、懲戒処分の量定を判断するに当たり考慮すべき事情です。例えば、パワハラの事案において、教育指導の目的ではなく嫌がらせとしてなされた場合と、教育指導の目的でなされたものの行きすぎてしまった場合とでは、行為者の帰責性は異なります。

## (3)被害者側の事情（被害者の落ち度）

　被害者側の言動がハラスメント発生に寄与している場合、例えば、部下が挑発的な言動をしたことにより、上司が激高して暴行したという場合には、上司の暴行はパワハラに該当するものの、部下の言動が契機となったことは量定上考慮すべきです。

## (4)被害者の精神的・肉体的苦痛の程度

　問題となった言動が1回きりのものであっても、それが被害者に重大な不利益をもたらすものであれば、懲戒処分もそれに即した重いものとすべきです。例えば、ハラスメントを受けたことにより、精神疾患に罹

患した場合や退職に至った場合など、被害者の不利益が重大であること
は量定の判断において十分考慮すべきです。

### ⑸行為者の反省の程度

　行為者が事実関係を否認している場合には該当しませんが、行為者が
事実関係の全部または一部を認め、ハラスメントをしたことについて反
省の弁を述べているかどうかは量定判断の一つの考慮事情といえます。
これに対し、事実関係の全部または一部を認めるものの、ハラスメント
であることの自覚が全くない場合には、再び同じ言動を繰り返すおそれ
があり、量定判断においても不利に考慮せざるを得ません。

### ⑹行為者への注意指導の有無・回数

　一般的に、懲戒処分に際しては、過去に、行為者に対する注意指導が
なされたかどうか、およびその回数も考慮する必要があります。それま
で一度も注意指導をせず、改善の機会を与えなかったにもかかわらず、
重い懲戒処分を行うことは不相当であり、無効とされるおそれがありま
す。もっとも、密室でなされることが多いセクハラの場合、被害者の申
告がない限り、会社がハラスメントの発生を探知し得ないことも多いこ
とから、過去に注意指導をしていなかったことを重視すべきではありま
せん。言葉による長期間のセクハラを理由とした懲戒処分の効力が争わ
れた海遊館事件（本章96、147ページ参照）において、懲戒された管理
職従業員は、過去に注意指導がなかったことを懲戒処分が重すぎること
の理由の一つとして主張しましたが、最高裁は、被害者から被害申告を
受ける以前に、会社がセクハラ行為を具体的に認識して警告や注意等を
行い得る機会があったとはうかがわれないとして、懲戒処分の効力を認
めました。

## ⑺行為者の懲戒歴

　行為者が過去に懲戒処分を受けたにもかかわらず、再度、懲戒事由に該当する行為を行った場合には、反省がないことを示すものとして、量定の判断で考慮することが可能です。特に、過去の懲戒処分がハラスメントの場合は、反省がないことを示すものとして、量定を加重する要素になります。

## ⑻それまでのハラスメントに対する社内での取り組み

　従業員にハラスメント研修を義務づけるなど、社内でハラスメント防止に向けて取り組みを行っていた場合には、そうでない場合と比較し、ハラスメントをした従業員の責任が重く問われるべきであり、懲戒処分の量定を重くする事情になります。

## ⑼過去の類似の事案における懲戒処分の内容

　過去の類似の事案における懲戒処分は公平性の観点から参考にすべきですが、それまでハラスメントに対する経営陣の認識が不十分であった場合には、過去の類似の事案の懲戒処分にとらわれず、適正と考えられる懲戒処分を下すことを検討すべきです。

## ［２］　懲戒処分の選択

　民間の会社の就業規則では、懲戒処分として、軽いほうから、戒告（ないし譴責）、減給、出勤停止、降格、諭旨退職、懲戒解雇と定められていることが一般的です。減給の場合には、労基法91条により、１回の額が平均賃金の１日分の半額を超え、総額が１賃金支払期の賃金総額の10分の１を超えてはならないという制限があることに留意すべきです（ただし、就業規則でこれを下回る額を定めている場合は当該額を超えることはできません）。

　戒告（ないし譴責）は、従業員の被る不利益がさほど大きいものでは

なく、懲戒処分の効力が法的に争われる可能性は一般的に低いといえます。他方で、諭旨退職、懲戒解雇、普通解雇という雇用関係を解消する処分はもちろん、減給、出勤停止、降格という在職を前提とする処分であっても、従業員のその後の人事評価や賃金等に影響しますので、懲戒処分の効力が法的に争われる可能性は否定できません。

　昨今、ハラスメントを理由とした懲戒処分の効力が争われ、会社が訴えられるケースも増えていますので、減給以上の懲戒処分を下す場合には、懲戒処分の効力が争われる可能性も視野に入れて、手続き面も含め慎重に対応する必要があります。

> **裁判例　海遊館事件　最高裁一小　平27. 2.26判決**
>
> 　複数の管理職（原告）が部下の複数の女性職員に対し言葉によるセクハラを1年以上繰り返したことから出勤停止と降格の懲戒処分を受けたことに対し、当該懲戒処分の効力を争った事案において、最高裁は当該懲戒処分を有効と判断しました。原告らは、セクハラ行為に関し、会社から注意等がなされなかったことから、懲戒処分が重すぎると主張しましたが、最高裁は、原告らが会社が開催するセクハラに関する研修に参加しており、管理職としてセクハラの防止やこれに対する懲戒等に関する会社の方針や取り組みを当然認識すべきだったこと、セクハラ行為の多くが第三者のいない状況で行われており、女性従業員らから被害の申告を受ける前の時点において、会社がセクハラ行為および女性従業員らの被害の事実を具体的に認識して警告や注意等を行い得る機会があったとはうかがわれないことから、原告らの主張を排斥しました。

## ［3］ 懲戒処分の指針

　ハラスメントにおける懲戒処分の種類・程度の検討に際しては、次の人事院通知（平12. 3.31　職職68、最終改正：令2. 4. 1　職審131）がセクハラ、パワハラに関し定めており、民間企業においても参考になる

ものです。

---

【行為者の責任について】

［セクハラ］

①暴行もしくは脅迫を用いたわいせつな行為、職場における上司・部下等の関係に基づく影響力を用いた性的関係・わいせつな行為
　→免職または停職

②相手の意に反することを認識の上で、わいせつな言辞、性的な内容の電話、性的な内容の手紙・電子メールの送付、身体的接触、つきまとい等の性的な言動（以下「わいせつな言辞等の性的な言動」という）を繰り返した場合
　→停職または減給

③わいせつな言辞等の性的な言動を執拗に繰り返したことにより相手が強度の心的ストレスの重積による精神疾患に罹患したとき
　→免職または停職

④相手の意に反することを認識の上で、わいせつな言辞等の性的な言動を行った場合
　→減給または戒告

［パワハラ］

①パワハラを行ったことにより、相手に著しい精神的または身体的な苦痛を与えた場合
　→停職、減給または戒告

②パワハラを行ったことについて指導、注意等を受けたにもかかわらず、パワハラを繰り返した場合
　→停職または減給

③パワハラを行ったことにより、相手を強度の心的ストレスの重積による精神疾患に罹患させた場合
　→免職、停職または減給

---

【監督責任について】

①指導監督不適正

　部下職員が懲戒処分を受ける等した場合で、管理監督者としての指導監督に適正を欠いていたとき

　→減給または戒告

②非行の隠蔽（いんぺい）、黙認

　部下職員の非違行為を知得したにもかかわらず、その事実を隠蔽し、または黙認した場合

　→停職または減給

## 3 適正な手続きの履行

　懲戒処分を科すには、就業規則等の社内の定めにのっとり適正な手続きを履行しなければならず、これを怠った場合、懲戒処分が無効とされることもあります。懲戒処分の手続きについて、賞罰委員会や懲戒委員会などの委員会の招集・決議を要するとされている場合もありますので、規程を確認し、それに沿った手続きを行う必要があります。一般的に、懲戒処分を科すには対象者に弁明の機会を付与する必要があり、規程で定められている場合は当然ですが、そうでない場合においても、後に処分の効力を争われることを避けるため、弁明の機会を付与すべきです。

　調査を経た場合には、既に行為者や関係者をヒアリングし言い分を聞いているものの、ヒアリングの対象は主に事実関係に関するものであり、具体的な懲戒処分に関する弁明とは異なりますので、改めて行為者や関係者に対し、いかなる行為について、いかなる懲戒処分を予定しているか具体的に伝えた上で、直接言い分を聞く場を設けることがベストです。もっとも、それが難しい場合には書面で事情を照会するという方法でも問題ありません。

## 4 懲戒処分の実施

### [1] 懲戒処分の通知

　懲戒処分を行う場合には、懲戒処分の対象となった事実および就業規則の適用規程を記載した懲戒処分通知書を処分対象者に交付します（**巻末資料6**、214ページ）。その際、懲戒処分の内容とその理由を説明することとなりますが、対象者からの反発も予想されるところです。対象者が懲戒処分に従わない姿勢を示す場合には、業務命令違反として、さらなる懲戒処分が科されるおそれがあることも伝える必要がありますが、伝え方によっては、それ自体がパワハラであると主張されることもありますので、断定的な表現は控えましょう。

　以下の裁判例は、懲戒処分の効力に加え、懲戒処分を通知した際の発言がパワハラであるかどうかが争われた事案です。結果として、パワハラとは認定されなかったものの、出勤停止処分に従わない場合は直ちに懲戒解雇すると断定的に述べている点で不適切であったといえます。

裁判例 **東京高裁　平26. 8. 6判決**

　非違行為があるとして出勤停止1カ月の懲戒処分を受けた従業員（原告）が、懲戒処分の無効および処分通知をした理事の発言※が違法なパワハラであるとして、法人および理事を訴えた事案です。

　懲戒処分については弁明の機会を与えずなされたとして無効とされましたが、懲戒処分通知をした理事の以下の発言については、就業規則に基づき、原告が出勤停止処分に反し出勤した場合にはこれを理由にさらに懲戒解雇になり得る旨を述べているにとどまり、違法なパワハラ行為とまでは評価できないと判断しました。

> ※理事の発言内容
> ・（処分通知書交付の際、原告がこれは不当な処分なので受け入れられない旨述べると）「これは通知だ」「拒否とか選択はない」
> ・処分を受け入れない場合は「即日懲戒処分します。服務規程違反ですから、命令違反ですからね、これは命令ですから」

・「拒否するなら結構だが、まず間違いなく懲戒処分する」
・従えないということであれば「即日懲戒解雇致します」「重大な服務規程違反ですから、懲戒解雇の重大な理由ですから、即日懲戒解雇ですよ」「即日懲戒解雇は何の機関にかける必要はないですからね、いいですね、私はやりますよ」「即日懲戒解雇ですよ、よく考えてください」

## ［２］　懲戒処分の公表

　懲戒処分について公表する旨就業規則に定めがある場合、または、そのような定めがない場合においても、処分対象者のプライバシーの観点から、原則として匿名とし、懲戒処分の対象となった事実と懲戒処分の内容についてのみ社内掲示することや、朝礼等で伝えるなどの方法で公表することは問題ないと考えます。再発防止の観点からしても、あえて個人名を公表する必要性は乏しいことから、原則として個人名の公表は控えるべきです。

# 第 5 章

# 調査開始後の対応

# 1 行為者・被害者に対する措置と アフターケア

## ■ 行為者に対する措置

### [1] 調査中

　社内調査の実施中にも、行為者からのハラスメントが継続するおそれがある場合や被害者の精神状態が不安定な場合には、被害拡大防止のため、被害者と行為者との引離しなどの措置を要する場合があります。会社の規模によっては、完全な引離しは難しいこともありますが、その場合においても、指揮命令ラインを変更するなど、被害者と行為者が業務上接触しないようにできる限り配慮すべきです。

　また、行為者が自らのパソコンに保存されたメール等の証拠を隠滅したり、社内の他の従業員に働きかけをしたりするおそれがある場合には、調査期間中、自宅待機を命じることも検討する必要があります。自宅待機命令については、業務上の必要性があれば可能であり、就業規則上の根拠は必須ではありません。もっとも、調査中の段階で自宅待機を命じること自体が、当該従業員に対する風評被害を発生させることもあり、その期間によっては違法とされるおそれもありますので、自宅待機の必要性については慎重に判断すべきです。

　現在は、リモートワークの体制を整えている会社も多いと思いますので、可能であるなら自宅待機命令ではなく、在宅勤務を命じるほうが問題は発生しにくいと考えます。

### [2] 調査終了後

　社内調査終了後、行為者とされた従業員に対し、調査の内容や認定した事実に加え、以下に述べる会社の措置を伝えます。

　また、調査結果いかんにかかわらず、行為者には、被害者やヒアリン

グ協力者を詮索したり、誹謗中傷したりしないよう改めて伝えましょう。

## (1)ハラスメントと評価される事実関係が認められた場合

### ▶懲戒処分

　行為者については、ハラスメントと評価される事実関係が認められ、懲戒処分相当とされる場合には懲戒処分を行うこととなります（**第4章5**参照）。

### ▶執務場所の引離しや配置転換

　行為者と被害者との執務場所の引離しや配置転換などの措置を行う必要があるか、検討する必要があります。すなわち、各指針では、事業主の措置義務の一環として、「事実が確認できた場合においては、速やかに被害者に対する配慮のための措置を適正に行う」とされており、パワハラ指針とセクハラ指針では、かかる措置を適正に行っていると認められる例として、「被害者と行為者を引き離すための配置転換」を挙げています。

　配置転換については、通常、就業規則に「業務上必要な場合には配置転換を命じることができる」旨の定めがありますので、それに基づき行為者に対し配置転換を命じることができます。被害者の希望を聞いた上で、被害者の心理的負担を軽減するために必要と認められる場合には、行為者の配置転換を検討しましょう。もっとも、法的に無制限に認められるものではなく、退職に追い込むことを目的とした配置転換は人事権の濫用として無効とされますので、ご留意ください。

> 裁判例　**静岡地裁　令3.3.5判決**
>
> 　X労働局の非常勤職員である女性職員が、上司から暴行等を受けたことにより抑うつ状態等になり、当該上司の配置転換を怠ったなどの国の不適切な対応と相まって、長期間の療養および休業を余儀なくされたなどと

主張して、国および上司に対する損害賠償を求めた事案です。

　裁判所は、X労働局は、職員の加害行為により他の職員が被害を受けた場合には、当該被害職員の復職に向けた適切な職場環境を整備すべき義務を負うと解するのが相当であるとした上で、被害を受けた女性職員から、職場復帰に際し、加害職員との直接のやりとりを避けたいと希望されたこと、女性職員の精神状態が不安定な様子であったこと、加害職員の行為が故意の加害行為であったことを踏まえれば、女性職員と加害職員が対面する機会がないよう、加害職員を配置転換すべき義務を負っていたのであり、国はそれを履行する義務を怠ったと判示しました。

#### ▶ 研修の実施

　行為者が自らの言動についてハラスメントと評価されるという自覚がない場合、同様の言動を繰り返すおそれがありますので、個別にハラスメントに関する研修を受けさせるなどの措置をとる必要があります。

### (2)ハラスメントと評価される事実関係が認められなかった場合

　ハラスメントと評価される事実関係が認められなかった場合においても、行為者の言動に改善すべき点があり、職場環境が悪化したり、被害者の心身に負担がかかったりしているときには、注意指導するとともに、前記(1)と同様に、配置転換等の措置を検討すべきです。もっとも、業務の規模や執務場所のスペースとの関係で、行為者と被害者が全く接触しないようにすることは難しいかもしれませんが、その場合においても、被害者の希望を聞いた上で、少なくとも席替えをするなどできるだけ接触しないよう配慮すべきです。

　配置転換等は、被害者に対する配慮だけでなく、行為者とされた従業員の配慮のために行うべき場合もあります。すなわち、同僚や部下などからハラスメントの申告をされるという事態は、通常、行為者と疑われた者にとって、極めて強い心理的負荷となるものであり、調査終了後も

被害者と共に業務を継続することは心理的負荷を増大させるおそれがあるからです。そのため、行為者と疑われた従業員から勤務体制変更を求められたにもかかわらず、会社が何らの措置もとらない場合には、当該従業員から損害賠償請求がなされるリスクがあります。

---

**裁判例　アンシス・ジャパン事件　東京地裁　平27. 3.27判決**

　部下が上司（原告）のパワハラをコンプライアンス機関等に申告しましたが、調査の結果パワハラが認められず、原告が当該部下と一緒に仕事をすることは不可能であると訴え、体制の変更を要望したのに対し、会社がかかる対応を行わなかったことから、その後退職した原告が会社に対し、損害賠償を求めた事案です。

　裁判所は、<u>行為者と疑われた原告に特段の帰責性はないとし、2人体制で業務を担当する他方の同僚からパワハラで訴えられるという出来事は、原告に相当強い心理的負荷を与えたと認められ、会社はトラブルの再発を防止し、原告の心理的負荷が過度に蓄積することのないよう、配置転換等適切な対応をとるべきであった</u>と判示し、慰謝料として50万円の支払いを命じました。

---

### (3)人事権の行使

　行為者が管理職の場合、ハラスメントと認定したか否かにかかわらず、調査結果により認定した事実関係に基づき、管理職としての適性・能力を欠くと判断する場合には、懲戒処分の検討とは別に、人事権の行使としての降格も検討する必要があります。特に、パワハラと認定された場合には、再発のおそれがないと判断されるまで、部下を配置すべきかどうかおよびその人数について、慎重に検討する必要があります。

　人事権の行使としての降格については、社内人事制度における資格等級等の格付け低下を伴わない役職の低下（降職）にすぎないものと、同制度上の格付け低下を伴うものがあります。役職の低下としての降格に

ついては、就業規則や個別の労働契約に別途定めがある場合を除き、権利濫用や法律上禁止されている差別的取扱い・不利益取扱いに当たらない限り、会社の裁量によって行うことができます。これに対し、職能資格制度など資格等級等の格付け低下を伴う降格については、就業規則上の根拠（いわゆる降格ルール）が必要となります。

　この場合には、就業規則上の懲戒処分の規定ではなく、人事権行使としての降格の定めに基づき、その要件該当性を判断します。就業規則において、資格等級等と基本給がリンクしている場合には、その格付けの低下により、基本給が下がることもありますが、あまりに大幅な基本給の減額については、権利濫用として無効とされるおそれがあります。このため、降給を伴う降格実施の際には、段階的な減額などの激変緩和措置を検討することが望ましいといえます。

## ② 被害者に対する措置とアフターケア

### ［1］ 調査中

#### ⑴進捗等の報告

　相談受付後は速やかに社内で対応を検討し、調査が相当と判断する場合には調査を進める必要があり、それは事業主の措置義務の一環とされています。もっとも、調査を進めていたとしても、被害者に対し進捗を何ら報告しない場合、被害者は自分の相談が放置されていると不信感を募らせ、社外に相談したり、会社に対し措置義務違反による責任を追及したりするおそれがありますので、被害者に対し定期的な進捗等の報告を行うことが必要です。

#### ⑵配置転換、引離しの措置

　前述のとおり、調査中であっても、事案によっては、被害者の希望も踏まえ、配置転換や行為者との執務場所の引離しの措置を検討する必要があります。なお、ハラスメントの相談を受けたことを理由とする不利

益な取扱いは禁止されており、配置転換も不利益な取扱いに含まれますので、被害者の希望がない限り、被害者を配置転換することは避けるべきです。

## ［2］　調査終了後
### (1)結果の報告

　調査終了後、被害者に対し、調査の内容や認定した事実、会社の措置に関し、その要旨を報告します。被害者への報告について規程に定めがある場合はもちろんですが、定めがない場合においても、被害者の納得を得るために報告すべきです。必ずしも書面での報告による必要はなく、口頭での報告でも問題ありませんが、単に、「あなたが主張するハラスメントの事実は認められなかった」または「○○の事実は認められたが、ハラスメントには該当しないと判断した」と報告するだけでは、納得を得ることはできません。

　特に、被害者が主張する事実を認定しない場合、被害者は、会社が自分のことを「うそつき」と判断したと誤解することもありますので、証拠による裏づけが必要であるという事実認定のルールを丁寧に説明したほうがよい場合もあります。その上で、被害者が主張する事実関係について、行為者とされる者がどのように主張したのか、それに対し、どのような理由で事実関係を認めなかったのか、または一定の事実を認めた場合でもどのような理由でハラスメントに該当しないと判断したのかを、関係者のプライバシーに配慮しつつ、ポイントを絞って説明する必要があります。

　次の裁判例では、内部通報を受けて行った調査結果等について、被害者に文書で開示しなかったことの違法性が争われましたが、裁判所はこれを否定しました。ハラスメント調査に関わる資料（事情聴取書、調査報告書等）が一方の当事者に開示されれば、調査への信頼が損なわれ、ヒアリング対象者の協力が得られないことにもなりかねませんので、妥

当な判断と考えます。この事案では、通報・相談内容および調査過程で得られた個人情報やプライバシー情報を正当な理由なく開示してはならない旨の規定があったことも理由とされており、被害者に対する説得のためにも、このような規定を設けることは有用と考えます。

> 裁判例 **サントリーホールディングスほか事件　東京地裁　平26. 7.31判決**
>
> 　内部通報窓口にパワハラを通報した被害者（原告）が、その後の会社の対応について、適切な調査を行わず、明確な根拠も示さないまま、判断基準、判断経過などの開示を拒否したことが不法行為であると主張しました。
>
> 　これに対し、裁判所は、会社の内部通報制度規定により、通報・相談内容および調査過程で得られた個人情報やプライバシー情報を正当な事由なく開示してはならないとされていることから、調査結果や判断過程等の開示を文書でしなかったことには合理性があったとし、会社が原告に対し、行為者とされる従業員への調査内容等を示しながら、口頭で当該従業員の行為がパワーハラスメントに当たらないとの判断を示すなどしていたことから、会社の対応は違法でないと判断しました。

## (2)虚偽申告の場合

　他方で、ハラスメントと評価される事実関係が認定できなかった場合で、明らかに虚偽の申告であり行為者とされた従業員に対する誹謗中傷といわざるを得ないときには、相談者に対する注意指導や懲戒処分を検討することも必要となります。もっとも、ハラスメント該当性は法的評価を伴うものであることから、結果としてハラスメントに該当しないと判断したことをもって、相談自体が不相当であったと判断するべきではないことは当然です。相談窓口の利用を促進するためにも、相談者に対する制裁は、次の裁判例のように不当な目的を有することが証拠上明白な場合に限定する必要があります。

裁判例　**学校法人A学院ほか事件　大阪地裁　平25.11. 8判決**

　同僚（女性教員）へのわいせつ行為等を理由に懲戒処分を受けた男性教員が懲戒処分の効力を争うとともに、わいせつ行為等をされたと申告した同僚への損害賠償を求めました。裁判所は、<u>男性教員と女性教員が交際関係にあり、女性教員が男性教員の不誠実な態度に対する怒りから、虚偽の事実を含む被害申告をしたものと認め、懲戒解雇が無効であるとし、女性教員に対し損害賠償（慰謝料80万円、弁護士費用 8 万円）を命じました</u>。

## (3)相談者に対する指導が必要となる場合

　結果としてハラスメントに該当したかどうかを問わず、相談者の言動に是正すべき点がある場合には、相談者に対する指導も必要です。例えば、パワハラの事案で、相談者の勤務態度にも問題があったと考えられる場合や、マタハラの事案で、制度利用が当然であるという態度で、周囲の従業員とのコミュニケーションが不十分であったと考えられる場合です。

　この点、パワハラ指針では、従業員の側においても、「<u>適正な業務指示や指導を踏まえて真摯（しんし）に業務を遂行する意識を持つこと</u>」が、マタハラ指針では、妊娠等をした従業員の側においても、「<u>周囲と円滑なコミュニケーションを図りながら自身の体調等に応じて適切に業務を遂行していくという意識を持つこと</u>」が、それぞれ重要であるとしている点に留意すべきです。

## (4)アフターケア

　ハラスメントの被害者は、ハラスメントが認定され、行為者が処分を受けることを希望するだけではなく、同じ職場で従前どおり勤務を続けることを希望する場合もあります。しかし、実際には、相談後に会社に居づらくなり、被害者が退職したり、精神疾患で休職したりするケース

も多く見られます。

　そのため、ハラスメントを受けたことだけでなく、その申告およびその後の調査による被害者の心身の負担を考慮し、調査終了後においても、被害者に定期的に面談し、心身や業務の状況を尋ねるとともに、不利益な取扱いなどの問題が生じていないかどうか確認しましょう。体調や精神面での不調が疑われる場合には、必要に応じて、業務を軽減する、産業医の受診を勧める、有給休暇等を利用した休養を取れるようにするなどした上で、就労が困難な場合には休職制度の利用を勧めることも考えられます。

　一般的に、就業規則における休職は業務外の傷病が対象とされていますので、業務に起因し罹患（りかん）した場合には、業務外の傷病には該当しないこととなります。しかし、業務に起因した傷病かどうかの判断は容易ではありませんので、とりあえずは就業規則に基づき休職命令を発するケースが多いといえます。

　以下の最高裁判例によれば、業務外の傷病であっても、休職命令を経ずに解雇した場合には解雇の効力が否定されるおそれがありますので、ハラスメントに起因した傷病ではないかと疑われる場合には、より一層慎重な対応が必要となります。

**裁判例** **日本ヒューレット・パッカード事件　最高裁二小　平24．4.27判決**

　最高裁は、精神的不調を抱える従業員の無断欠勤を理由に諭旨退職の懲戒処分をしたことについて、「精神科医による健康診断を実施するなどした上で〈中略〉、その診断結果等に応じて、必要な場合は治療を勧めた上で休職等の処分を検討し、その後の経過を見るなどの対応を採るべき」と述べ、休職命令を経ずに諭旨退職の懲戒処分の措置をとることは、使用者の対応として適切なものとは言い難いとしました。

　就業規則上、休職期間満了後は自然退職する（または解雇事由に該当する）と定められていたとしても、業務上の傷病であれば、自然退職（ま

たは解雇）は労基法19条に違反し無効となります。ただし、療養期間開始後 3 年が経過し、労災保険による傷病補償年金を受けている場合は解雇が可能です（労災保険法19条）。

　心身の不調に関しては、業務外の傷病か否かの判断は困難なことが多く、労災認定がなされないとしても、民事訴訟において、ハラスメント行為と傷病との相当因果関係が認められることもあります。そのため、就業規則を形式的に適用して休職期間満了により退職または解雇することはリスクを伴うものであり、従業員の心身の状態や希望を十分考慮し、医師等の専門家の意見も聞いた上で、慎重に対応する必要があります。

### (5)労災申請への協力を求められた場合

　ハラスメントによりうつ病などの精神疾患になったとして、従業員から労災申請への協力を求められることもあります。具体的には、労災保険給付の請求書にある、「負傷又は発病年月日」「災害の原因及び発生状況」等の事実について事業主が証明する欄に記入することになります。

　調査の結果、当該請求書に記載されたとおりの事実関係を認定した場合には、会社は上記事実に関する証明に協力すべきです。他方で、当該請求書に記載された事実関係の全部または一部が認められないという調査結果となった場合には、従業員の請求のとおり証明することはできません。その場合には、調査結果に即した事実関係を記載した意見書を作成し、労働基準監督署に提出する対応をとることとなります。

### (6)再調査を求められた場合

　相談者が調査結果に納得できず、再調査を求めることもありますが、十分な調査をしたのであれば、新たな事実関係や証拠が提示されない限り、再調査を行う必要はありませんので、その旨相談者に伝えます。

　相談者が調査不十分であると感じる主な理由として、相談者が必要と考える関係者にヒアリングをしていないことが挙げられます。相談者が

会社に対し、「この人からも話を聞いてほしい」と求めたにもかかわらず、会社が特に理由を説明せず同人にヒアリングをしない場合には、相談者が調査結果に不満を持つ要因になりますので、できる限り相談者の希望に沿い調査することが肝要です。

相談者が新たな事実関係や証拠に基づかない独自の見解に固執し、相談窓口への連絡を多数回行う場合には、職場秩序を乱し、業務上の支障を発生させるものとして、改善指導し、それでも繰り返し行う場合には懲戒処分も検討すべきです。

> **裁判例** **大阪地裁　平28. 6. 9判決**
>
> コンプライアンス窓口に対し、50回以上にわたりセクハラ等の申告を繰り返した従業員に対し、改善指導したこと、および改善指導に従わなかったことから戒告処分をし、その処分の効力が争われた事案です。裁判所は、<u>当該従業員が新たな事実の指摘や裏づけ証拠を提示することもなく、回答済みの事項について不服申立てを繰り返していたとして、改善指導は相当であり、懲戒処分も有効</u>と判断しました。

# 2 規程の見直し

ハラスメントの社内調査をする際には、就業規則、ハラスメントに関する規程や相談窓口に関する規程を確認しますが、それにより規程の見直しの必要性に気づく場合もあります。例えば、以下のような点です。

## ▶相談受付後のフローに関するルールが定められていない

[追加すべき規定の例]

1. 相談窓口は、相談者からの相談内容に関し、コンプライアンス部

部長に報告する。

2．コンプライアンス部部長は、相談者のプライバシーや人権に配慮
　した上で、必要に応じて行為者、相談者、上司その他の職員等に事
　実関係の聴取などの調査を実施する。

3．コンプライアンス部部長は、問題解決のための措置として、行為
　者の配置転換等相談者の労働条件および就業環境を改善するために
　必要な措置を講じる。なお、調査完了前においても、事案に応じて
　必要な場合は上記措置を講じるものとする。

4．コンプライアンス部部長は、調査終了後、報告書を作成し、代表
　取締役に提出する。ただし、緊急を要する事項および経営に重大な
　影響を与えると認められる事項については、調査の終了および内部
　通報報告書の作成を待たずに、速やかに代表取締役に報告する。

5．代表取締役は、コンプライアンス部部長から調査結果の報告を受
　けた後、緊急を要する事項および経営に重大な影響を与えると認め
　られる事項がある場合には、取締役会および監査役会へ報告する。

### ▶従業員の調査への協力義務を定めた規定がない

［追加すべき規定の例］

　各職員は、相談窓口に申告された事実関係の調査に際して、事情聴
取等の協力を求められた場合には、正当な理由なく拒むことはできな
い。

### ▶相談者や調査協力者の保護に関する規定がない

［追加すべき規定の例］

1．当社は、相談者および調査協力者（以下「相談者等」という）が
　相談窓口に相談したことを理由として、相談者等に対して解雇その
　他いかなる不利益取扱いも行わない。

2．当社は、相談者等が相談したことを理由として、相談者等の職場

環境が悪化することのないように、適切な措置をとるものとする。また、相談者等に対して不利益取扱いや嫌がらせ等を行った者（相談者等の管理者、同僚等を含む）がいた場合には、就業規則に従って処分する。

3．当社および相談窓口業務を担当する職員は、正当な理由なく、相談内容および調査で得られた個人情報やプライバシー情報を開示してはならず、これに違反した場合には就業規則に従って処分する。

## ▶ 部下のハラスメントを看過した上司の責任に関する規定がない

［懲戒事由として追加すべき規定の例］

部下である職員が職場におけるハラスメントを受けている事実を認識し、または認識し得たにもかかわらず、上司が対応を怠った場合

## ▶ 性的指向・性自認に関するハラスメントやアウティングがパワハラに該当することについて就業規則で明示していない

［追加すべき規定の例］

性的指向・性自認に関する侮辱的な言動、性的指向・性自認について当該労働者の同意を得ずに他の労働者に暴露すること（アウティング）は、第○条に定めるパワーハラスメントに該当する。

## ▶ 懲戒処分の公表に関する規定がない

［追加すべき規定の例］

懲戒処分の内容は、原則として相当な方法により公表する。ただし、関係者のプライバシーに配慮するものとする。

第6章

# ハラスメント防止に
# 向けて

# 1 相談窓口の活用に向けた取り組み

　相談窓口を設置していても、社内で周知されていなかったり、利用しづらかったりする状況であれば、相談窓口として機能していないこととなり、事業主としての措置義務を果たしたことにはなりません。各指針が定める事業主の措置義務は、ハラスメントが発生しないよう配慮し、その環境を整備すべき注意義務を指すのであり、形式的に相談窓口を設け、連絡先を掲示するだけでは足りません。相談窓口の活用に向け、安心して利用できる相談窓口であることを社内に周知し、気軽に利用してもらえるようにする必要があります。

　そのためには、①相談窓口の役割、相談の方法（電話、メール、面談、Web会議等）、相談者のプライバシーの確保、相談によって不利益取扱いを受けないこと、相談後の一連の流れ等が分かる資料を作成すること、②当該資料を、社内イントラネットや掲示板等に掲示して社内の誰もがいつでも確認できるようにすること、③当該資料について、社内研修でも言及し説明すること、などの対応をすべきです。

　周知の方法については、上記のように資料の掲示を行っている会社が多いものの、それについて説明がなされていなければ、従業員が気がつかない場合もあります。資料の掲示だけでなく、入社時や研修実施の都度、掲示場所やアクセス方法について説明しましょう。

# 2　社内研修で押さえるべきポイント

## ■ ハラスメントに関する基本的知識の習得

　令和 2 年度実態調査（**第 1 章**参照）によれば、ハラスメント予防・解決のための取り組みを進める上での課題について、「ハラスメントかどうかの判断が難しい」の回答率が65.5％と最も高い結果となっています。ハラスメントかどうかの判断が難しいと感じる背景には、そもそも、どのような言動がハラスメントに該当するかについての基本的な知識や理解が不足していることが挙げられます。

　例えば以下のように、ハラスメントについての知識・理解が不足していることがハラスメントの一因となっているケースが多く見られます。そのため、どのような言動がハラスメントに該当するかについて、基本的な知識や理解が得られるような研修を実施することが有用です。

▶セクハラ

✕セクハラは女性を対象とするものであり、男性から女性に対しなされるものである。

〇セクハラの対象は性別を問わない。同性間の性的な言動や、性的少数者に対する性的な言動もセクハラに該当し得る。

▶パワハラ・マタハラ

✕上司から部下に対する言動ではないから、パワハラ・マタハラではない。

〇部下から上司、同僚間の言動もパワハラ・マタハラに該当し得る。

✕嫌がらせ目的ではないから、パワハラ・マタハラではない。

〇行為者の意図にかかわらず、受け手が精神的苦痛を感じる場合はパワハラ・マタハラに該当し得る。

×アウティング（本人の同意を得ないで行う性的指向・性自認の暴露）
　は善意であれば問題ない。
○善意であっても、本人の同意がなければパワハラに該当する。

×性的指向・性自認に関する発言は、性的少数者に対するものでなけれ
　ば問題ない。
○性的少数者に対する発言でないとしても、性的指向・性自認に関する
　侮蔑的な言動は、パワハラに該当する。


## ② 就業規則や会社の方針の周知

　人事部や総務部の担当者でなければ、自社の就業規則や規程類につい
て確認する機会は意外に少ないものであり、ハラスメントに関する定め
や会社の方針について従業員が認識していないこともよくあります。そ
のため、研修では、就業規則でハラスメントについてどのように定めて
いるか、それに反する行為をした場合に懲戒の対象となるか、ハラスメ
ントに関し会社がどのような姿勢で臨んでいるかなど、就業規則や会社
の方針について説明し、周知しましょう。

　また、マタハラについては、そもそも、妊娠・出産・育児に関して利
用できる会社の制度や、法令に基づき行使できる権利自体を従業員が認
識していないことも一因ですので、それも説明し理解してもらう必要が
あります。

## ③ コミュニケーションの活性化・円滑化のための
## 　取り組み

　ハラスメント（特にパワハラ）の防止のためには、職場でのコミュニ
ケーションを活性化・円滑化することが重要です。パワハラ指針では、
コミュニケーションの活性化・円滑化のために必要な取り組み例として、
以下を挙げています。

①コミュニケーション活性化のための取り組み例
・日常的にコミュニケーションを取るよう努める
・定期的に面談やミーティングを行う
②コミュニケーションの円滑化のための取り組み例
感情をコントロールする手法についての研修、コミュニケーションスキルアップについての研修、マネジメントや指導についての研修等の実施や資料の配布等

## 4 立場に合わせた個別の研修

　部下の指導および育成を職責とする管理職と、こうした職責を負わない一般社員とでは、直面する問題もその対応も異なりますので、研修も一般社員向けと管理職向けとに分けて実施することが有用です。

　また、相談窓口の担当社員については、相談対応のスキル向上のための研修が必要です。

### ［1］　一般社員向け研修

　一般社員が直面する可能性のある場面ごとに、考えられる対応方法を伝えることは有用です。一般社員が直面する可能性がある場面としては、①自らがハラスメントを受けた場合、②同僚から「ハラスメントを受けている」と相談された場合、③ハラスメントを見聞きした場合の主に三つが挙げられます。自らがハラスメントを受けた場合には、1人で抱え込まず、上司や同僚、相談窓口に相談すること、同僚から相談された場合やハラスメントを見聞きした場合には、被害者の話を聞き、社内の人間（例えば信頼できる上司）や相談窓口に相談することにより、早期に対応することを促しましょう。

　また、社内調査の一環としてアンケートを実施した場合、アンケート結果に照らし、社員がハラスメントと感じた行為をテーマに、「なぜこ

のようなハラスメントが起きるのか」「どうしたらこのようなハラスメントをなくせるのか」等についてグループディスカッションをすることも、他の社員の考えに触れ、ハラスメントについて意見交換できる良い機会といえます。

## ［2］管理職向け研修
### (1)監督責任

　ハラスメント、とりわけパワハラを防止するためには、部下の監督責任を負う管理職の対応が極めて重要です。すなわち、パワハラの場合には、1回きりではなく、一定期間にわたり繰り返し行われるケースが多いことから、部下のパワハラに全く気づかないのであれば監督責任を果たしているとはいえません。また、部下のパワハラにうすうす気づいていたとしても、それを止めようとしないことや、パワハラを受けている従業員からの相談に対して実効的な改善策を講じないことも、やはり監督責任を果たしているとはいえません。管理職は、自らがハラスメントを行わないということだけでなく、部下がハラスメントを行わないようにしなければならないことを自覚する必要があります。また、いったんハラスメントが発生した場合には、その再発防止策を検討し実施することも管理職の職責です。

　管理職の研修に際しては、部下の監督責任について自覚を促すとともに、「上司が監督責任を果たさずに部下のハラスメントが発生した場合には当該上司も懲戒処分の対象となる」旨の就業規則等の定めがあるならば、その点も周知しましょう。

　また、上司が部下から「ハラスメントを受けている」との相談を受けた場合の対応も重要です。上司が抱え込んで自分で解決しようとしてかえって問題がこじれてしまうこともありますので（新聞輸送事件　**第4章**78ページ）、部下の了解を得て、上司から相談窓口に相談するルートもあることを認識してもらう必要があります。

## (2)部下のパフォーマンス向上のためのマネジメント

　管理職は、部下のパフォーマンスを向上させるために良いマネジメントをすることが重要な職責であり、そのために教育指導を行うことも当然必要です。しかし、必要な教育指導とパワハラとのボーダーラインが不明確であることから、管理職に対して「パワハラをしてはいけない」と言うだけでは、パワハラと言われることを恐れて教育指導を差し控えることにもなりかねません。そのため、管理職向けの研修においては、部下のパフォーマンスを向上させるためにどうすればよいかという観点からのアドバイスも必要です。

　ミスや問題行動を繰り返す従業員に対し、長時間の叱責<sup>しっせき</sup>を繰り返したり、仕事を割り振らなくなったりすることがしばしば見受けられますが、いずれもパワハラと主張されるおそれがありますし、前者は改善につながらず、後者は教育指導の放棄にほかならないことから、避けなければなりません。その従業員がなぜミスや問題行動を起こすのか、まずはその原因や背景を検証する必要があります。場合によっては、当該従業員だけの問題ではなく、教育指導体制や業務分担に問題が見られることもあります。それらの体制・分担等を見直すことで改善される場合もあることから、管理職社員には、部下のミスや問題行動の原因や背景を確認し、その上で改善に向けた対策を実施すべきであることを認識してもらう必要があります。

## (3)部下のメンタルヘルスケア

　管理職として、部下のメンタルヘルスに気を配り、不調とみられる場合に適切に対処することは、重要な職責の一つです。特に、部下がメンタルヘルス不調の場合は、誰に情報を共有し、どう対応すべきか、会社として具体的なフローを定め、管理職に共有しておく必要があります。

### ［3］相談窓口担当者向け研修

　相談窓口を設置したとしても、中小企業の場合、年間の相談件数はさほど多くないのが実態であり、普段は別の業務を行っている相談担当者が、OJTによって相談対応スキルを向上させることは現実的に困難です。そのため、各指針に定めるように、相談担当者を対象とした研修の実施は必須といえます。

　相談担当者が各指針や関連法令（均等法、育介法、パワハラ防止法等）を正確に理解することは当然です。加えて、会社の業種や規模などによりハラスメントの態様は異なりますので、過去に発生した自社の相談案件を分析し、検討することも効果的です。

## 5 相談窓口に関する広報

　相談窓口の利用状況について具体例とともに公表することは、相談窓口が現実に機能していることが従業員に伝わるとともに、相談窓口の利用に対する不安を軽減することにもつながります。その際、具体例については、個人が特定されないよう、ある程度抽象化する必要があります。

　また、どのような場合に相談窓口を利用すべきかや相談窓口の対応の流れについて、ケーススタディー形式で研修を行うことも有用です。

# 3 ハラスメント防止に向けて

## 1 ハラスメントの起きにくい組織風土づくり

　ハラスメントは、一般的に、行為者の個人的要因のみで発生することは少なく、ハラスメントが発生しやすい、またはハラスメントを容認する風潮・文化があるという組織的要因を背景として発生することが多いといえます。そのため、行為者の個人的要因のみがハラスメントの原因

であると単純に捉え、行為者の懲戒処分で終わりとするべきではなく、ハラスメント発生の背景となった組織的要因についても検証し、是正に向けて取り組むべきです。

　令和2年度実態調査によれば、ハラスメントを経験した労働者は、ハラスメントを経験していない労働者と比較し、職場の特徴について次の①～③のように回答する割合が多いことが示されています。そのため、相談事案について社内調査を行い、ハラスメントに該当しないという結果になったとしても、これらの特徴に該当する職場環境が認められたとすれば、ハラスメントに発展するおそれは否定できません。

---

①パワハラが発生する職場の特徴

　・上司と部下のコミュニケーションが少ない／ない

　・ハラスメント防止規定が制定されていない

　・失敗が許されない／失敗への許容度が低い

　・従業員間に冗談、おどかし、からかいが日常的に見られる

②セクハラが発生する職場の特徴

　・ハラスメント防止規定が制定されていない

　・従業員間の競争が激しい／個人業績と評価の連動が徹底している

　・従業員間に冗談、おどかし、からかいが日常的に見られる

③マタハラが発生する職場の特徴

　・女性の育児休業取得に否定的な人が多い

　・ハラスメント防止規定が制定されていない

　・子育てをしている従業員がいない／少ない

　・女性従業員は妊娠したら退職する傾向がある

　・男女問わず育児休業を取得後、復職せず退職する傾向がある

　・男性の育児参画に否定的な人が多い

④カスタマーハラスメントが発生する職場の特徴

---

> ・失敗が許されない／失敗への許容度が低い
> ・従業員間の競争が激しい／個人業績と評価の連動が徹底している
> ・従業員間に冗談、おどかし、からかいが日常的に見られる

　具体的には、パワハラ、セクハラ、カスハラに共通する特徴は、「従業員間に冗談、おどかし、からかいが日常的に見られる」というものです。これらの言動は、行為者にすれば悪意はなく、親しみを込めたコミュニケーションと捉えている場合もあるかもしれません。しかし、被害者にとっては、そうした言動を不快に感じても、行為者や周囲の従業員との関係性などから異議を唱えずに受け流さざるを得ず、行為者が気づかぬ間に、被害者の精神的苦痛が蓄積してしまうこともあります。そのような不適切なコミュニケーションが継続し定着することにより、周囲の人間も相手の気持ちに鈍感になり、ハラスメント発生の温床となります。

　また、令和2年度実態調査によれば、「失敗が許されない／失敗への許容度が低い」「従業員間の競争が激しい／個人業績と評価の連動が徹底している」ことも、ハラスメントが発生する職場の特徴として挙げられています。失敗に寛容でなく、従業員間の競争が激しい職場では、誰もがストレスを抱えることとなり、そのストレスを他の従業員にぶつけてしまうことによってハラスメントが発生する場合もあります。

　ハラスメントに該当する言動をしてはならないというだけでなく、このようなハラスメントを発生させる組織的要因を解決しなければ、根本的なハラスメント対策にはならないことを会社および従業員いずれも認識し、職場環境の改善に取り組む必要があります。

## 2 アンケート調査の実施

　全従業員を対象に、直近数年間において、何らかのハラスメントを受けた、あるいは見聞きしたことがあるかどうかなど、ハラスメントに関

するアンケートを実施することも、職場の問題を早期に把握し、研修等の取り組みに反映できるという点で有益です。毎年、全従業員を対象とした無記名のアンケート調査を実施している企業もあります。

　アンケートの設問例および実施方法については、厚生労働省のハラスメント特設サイト「あかるい職場応援団」に公開されていますので、これを参考にし、自社に合う設問例や実施方法を選択するとよいでしょう。

　アンケートを実施する際には、いかにして多くの従業員から率直な回答を得るかに配慮し準備する必要があります。実施に先立って、アンケートの目的や回答内容の情報管理、アンケート実施後の分析・活用についても説明することが望ましく、書面だけでなくオンラインで回答できるようにするなど、回答方法についても複数の選択肢を提示できるとよいでしょう。

　上記の「あかるい職場応援団」には、アンケートのひな型だけでなく、分析のための集計シートやアンケート結果の活用方法などの例も記載されていますので、参考になります。なお、アンケート実施に割ける社内のリソースが十分でない場合には、第三者機関に委託する方法もあります。

## ❸ ストレスチェック制度の活用

　労働安全衛生法により、50人以上の従業員を抱える事業場には、年に1度、ストレスチェックの実施が義務づけられており、会社の安全配慮業務の一環と考えられています。このストレスチェック制度を活用し、メンタルヘルス不調の従業員および職場環境の問題を探知し、ハラスメントの防止につなげることも考えられます［**図表6－1**］。

　ストレスチェックの調査票では、①仕事のストレス要因、②心身のストレス反応、③周囲のサポートの三つの領域を設問項目に盛り込む必要があり、厚生労働省では、上記3領域を含んだ調査票として、「職業性ストレス簡易調査票」（57項目）、さらにこれを簡略化した調査票（23項

**図表6-1** ストレスチェックの流れ

ストレスチェック実施（調査票を従業員に配布）

医師などの実施者が高ストレス者を判定

高ストレス者と判定された従業員に産業医面接を勧奨

面接指導を実施した医師から、
就業上の措置の必要性の有無とその内容について意見聴取

医師の意見を参考に、
労働時間の短縮など必要な就業上の措置をとる

※従業員が「職場に知られたくない」と考え、ストレスチェック自体を拒否したり、産業医との面接を拒否する場合もあります。そのような従業員の懸念を踏まえ、会社に感知されず相談できる相談窓口を外部機関に委託することも考えられます。

目）を示しています。最近では、「職業性ストレス簡易調査票」に、ハラスメントや上司のマネジメント、人事評価に関する項目などを追加した「新職業性ストレス簡易調査票」（80項目）を採用する企業も増えています。会社の規模や状況に応じた調査票を利用し、その結果を分析することにより、従業員のメンタルヘルスや職場環境の改善のための対策実施に役立てることが期待されます。

# ケース別
# ハラスメント事案の
# 対応例

本書の結びとして、**第7章**では、パワハラ、SOGIハラ、セクハラについて、ハラスメント相談窓口で相談を受けた会社の対応例を挙げます。

　紹介しているパワハラ、セクハラのケースは、筆者が関与した事案を相当程度デフォルメしたものです。また、SOGIハラのケースは、性的マイノリティー当事者であった職員への指導が問題となり退職に至った事案に関して、兵庫県尼崎市がホームページで公表した「『令和元年SOGIハラスメント事案』についての検証と今後の取組」を参照し、当該事案をデフォルメしたものです。いずれのケースも対応の一例として参考にしていただければと思います。

## パワハラ対応例

**対象会社**
　従業員数約300人の電子機器メーカー
**登場人物**
　X…中途入社し、総務部に所属する30代前半の従業員
　Y…Xの直属上司である総務部のマネジャー
　Z…総務部部長（XとYの上司）
　A…営業部のマネジャー
　B…コンプライアンス部部長
　C…営業部の新入社員
**相談窓口の体制**
　コンプライアンス部がハラスメント相談窓口を担当している。

### ［1］ハラスメント相談窓口への相談
　ある日、営業部のAから、ハラスメント相談窓口に以下のようなメールが届いた。

「総務部のXが、Yから日常的にパワハラを受けており、XがZに相談している
が、何も対応してもらえていないようだ。このままでは、Xは退職してしま
うおそれがあるので、対応してほしい。なお、私が相談したことは相談窓口
限りにしてほしい」

## ［2］相談担当者と A（相談者）との面談

　Aのメールを受けて、コンプライアンス部のBほか1名がAと面談を
し、話を聞いた。

A：私自身もYのハラスメントを直接何度も見聞きしており、Xから相談を受
　　けていた。ZもXから継続的に相談を受けていたが、事態が改善されない
　　ので、見かねて相談した。なお、私が相談窓口に相談することについては、
　　Xの了承を得ている。
　　自分がハラスメント相談窓口に相談したことを知られると人事考課に不
　　利な影響があるかもしれないので、自分が相談したことは秘密にしてほ
　　しい。

B：Aが相談したことは秘密にする。相談による不利益取扱いはハラスメン
　　ト規程により禁止されているので、安心していただきたい。
　　Xの意向を確認した上で調査を実施する方向で検討する。

## ［3］相談担当者と X（被害者）との面談

　コンプライアンス部のBほか1名はXと面談し、Yのハラスメントに
ついて確認した。

X：入社直後から、仕事のささいなミスに対し人格を否定するような発言を
　　された。次第に仕事を教えてくれなくなり、担当していた仕事も取り上
　　げられ、やることがない状態である。Aのほか、上司のZにも何回か相談
　　したが改善されない。このままの状態が続くようであれば、会社にいる
　　意味がなく、精神的にもつらいので、退職も考えざるを得ない。
　　その都度日記にハラスメントの内容を記録しており、発言を録音した日

もある。

B：日記や録音データを提出してほしい。また、入社以降のYのハラスメン
　　トの日時・場所を含め具体的内容を記載した一覧を作成してほしい。
　　　関係者にヒアリングして、事実関係を確認する必要がある。AとZのほか
　　に、相談していた従業員やYのハラスメントについて見聞きしている従
　　業員はいるか。

X：営業部のCも近くに机があり、Yのハラスメントを知っている。Cにも話
　　をしていたので、ヒアリングしてほしい。ただ、Cは新入社員なので、Y
　　を恐れて話したがらないかもしれない。
　　　ヒアリングを進めることにより、Yのハラスメントがエスカレートす
　　るのが怖い。できるだけ早く、Yと業務で接触しないようにしてほしい。

B：ヒアリングの対象者、実施者、スケジュールについて検討し、連絡する。
　　Yとの業務上の接触をできるだけ減らすよう検討する。


## ［4］ 調査に関する内部検討

　Bは、ヒアリングの進め方について、コンプライアンス部で検討した。
ハラスメント規程では、相談受付後、関係者の調査が必要な場合には、
代表取締役を責任者として、コンプライアンス部が調査を担当するか、
または弁護士等の専門家に調査を委任することができるとされている。

　Yは、コンプライアンス部に以前所属していたことがあり、コンプラ
イアンス部の一部の職員と個人的に親しい間柄であることから、コンプ
ライアンス部が主体となる調査の場合、中立性を疑われるおそれがある
という意見が出され[1]、顧問弁護士に調査を委任することが望ましい

--------

[1]　被害者および行為者に調査結果を納得してもらうためには、調査の実施主体
　　への信頼が前提となります。規程で定められている調査の実施主体に属する従
　　業員と行為者が近い関係にある等の場合には、外部の専門家に調査を委任す
　　るほうがよい場合もあります。

という判断となった。

## ［5］　顧問弁護士への委任

　Bは、顧問弁護士に調査の委任について相談した。

顧問弁護士：調査を担当することに異存はないが、調査については、顧問弁
　護士としての立場ではなく、別途委任契約を締結し、中立的な立場で実施
　する必要がある。調査終了後、Yを懲戒処分する場合、Yから懲戒処分の有
　効性を争われることもあるが、その場合、調査を担当している以上、会社
　側の代理人となることはできない[2]。

　Bは、顧問弁護士の意見を代表取締役に伝え、代表取締役の承諾を得
て、顧問弁護士と調査に関する委任契約を締結した。会社には懲戒委員
会規程があり、懲戒処分については、懲戒委員会で決定することとされ
ていることから、顧問弁護士への具体的な委任事項は、①調査、②事実
認定、③就業規則に定める懲戒事由該当性の検討、④再発防止策の提言
の四つとした。

## ［6］　調査開始の連絡および暫定措置

　顧問弁護士は、BからXおよびAの相談内容の引き継ぎを受け、ヒア
リングの対象をX（被害者）、Y（行為者）、Z（被害者・行為者の上司）、
A（相談者）、C（目撃者）の5名と決定し、Bを通じて、この5名に対
し、ハラスメントに関する調査を開始するので、ハラスメント規程に基

---

[2]　顧問弁護士に調査を委任する場合、業務内容について理解があるという点で
　メリットがありますが、他方で、被害者・行為者と会社との間で紛争となった
　場合には、会社の代理人となるのは控えるべきであること（**第4章1②［3］**
　参照）、調査対象者から会社サイドの人間と見られることもあり得ることなど
　のデメリットもあります。高度の中立性が要求される事案では、顧問弁護士と
　は別の外部の弁護士に調査を委任することが望ましい場合もあります。

づき<sup>※3</sup>、調査への協力を求めること、調査の開始および内容について口外しないこと、関係者に対する誹謗中傷を厳に慎むことを伝えた。

同時に、Xの精神的負担の軽減とさらなる被害発生を防ぐため、Xに対する業務上の指示等は、YではなくZから行うこととし<sup>※4</sup>、その旨、Bを通じてYおよびZに通知した。

また、組織図、職務分掌規程、ヒアリング対象者の席の見取り図等により、ヒアリング対象者の社内における業務内容、権限、地位、関係性等を確認した<sup>※5</sup>。

## ［7］関係者ヒアリング

顧問弁護士は、X（被害者）→A（相談者）→C（目撃者）→Z（被害者・行為者の上司）→Y（行為者）の順<sup>※6</sup>にヒアリングを行うこととし、その旨Xに通知した<sup>※7</sup>。

---

※3　調査への協力、守秘義務、誹謗中傷の禁止については、就業規則等で明記し、書面で就業規則等を引用して伝えることが望ましいと考えます。

※4　調査未了の段階においても、事案および被害者の意向によっては、被害者の精神的負担の軽減およびさらなる被害発生防止のために、被害者と行為者との引離しを検討したほうがよい場合があります。

※5　ヒアリングの前に、これらを理解することにより、踏み込んだ質疑が可能となります。

※6　被害者、行為者のほか、目撃者等の関係者が存在する場合には、被害者→目撃者等の関係者→行為者の順にヒアリングし、被害者・目撃者からヒアリングした事実関係について、行為者の見解を聞くことがよいでしょう。行為者の上司については、監督責任を問われる可能性がある立場ですので、目撃者等の関係者のヒアリングの後、行為者のヒアリングの前に行います。

※7　被害者には、ヒアリングにかかるおおむねの期間も伝えます。追加でヒアリングを行うこともあり、想定した期間を超える場合には、あらかじめ伝えておきましょう。

## (1) X（被害者）のヒアリング

　Xはヒアリングに際し、入社以降のYのハラスメントに関する時系列のメモ、ハラスメントを記載した日記、Yの発言を録音したデータを提出した[※8]。

　Xの供述は、YがXの業務上のミスについて、「根性がない」「ミスをするので仕事を任せられない」「新入社員のほうがしっかりしている」等の発言を行い、次第に、「何もしなくてよい」「仕事は自分で探してほしい」と仕事を与えず孤立させたというものであり[※9]、それは日記の記載や録音データに沿うものであった。

　しかし、X自身、業務上の経験が不足していることを自覚しており、細かいミスをしたことがあるのも認めていたことから、Xの業務上の能力・経験、ミスの重大性についても、他の従業員のヒアリングで確認する必要があり、その上でYの言動が相当かどうかを検討する必要があった[※10]。

　なお、ヒアリングにおいて、Yのハラスメントに関し、XとAおよびCとのメッセージアプリでのやりとりがあることも分かったので、顧問弁護士は、メッセージアプリの履歴についても提出してほしいとXに伝えた[※11]。

---

[※8]　ヒアリング前に証拠を提出してもらうことにより、有効なヒアリングが実施できますので、ヒアリング対象者に提出を促しましょう。

[※9]　パワハラ指針において、パワハラの類型の一つとされている「過小な要求」の例示として、「仕事を与えない」が挙げられています。

[※10]　パワハラの場合、業務上必要な指示指導との線引きが難しい場合があります。業態によっては、ケアレスミスが重大な被害をもたらすこともあり、その場合には、ある程度厳しい指示指導はやむを得ない場合もあります。

[※11]　ハラスメントの事実について第三者に相談していたことは、被害者の供述を裏づける一つの間接事実といえます。

## (2) A（相談者）のヒアリング

Aが所属する営業部の業務場所は、Xが所属する総務部の隣であり、XとYとのやりとりがよく聞こえるとのことであった[12]。

Aから、Yは気分の浮き沈みが激しく、機嫌の悪いときはかなり強い調子で物を言うタイプであること[13]、Aから見れば好みの問題と思われる点について、YがXに対し、ことさらに厳しい指示指導を行い、Xが萎縮していること、その指示指導の内容も具体性に欠け、どう対応すればよいのか分からず困惑させるものであったとの供述がなされた[14]。

## (3) C（目撃者）のヒアリング

Cは、新入社員であり、ヒアリングに際し大変に緊張した様子であった。Yの言動についても、Aと同じ業務場所であるにもかかわらず、「あまり覚えていない」という回答がほとんどであった。ただ、XからYの言動について話を聞いていたことや、Xが勤務時間中に手持ち無沙汰な様子であったのを見かけたとの供述がなされた[15]。実際にも、Xから提出されたメッセージアプリでのやりとりで、XがCに対し、Yのパワハラについて話をしていたことが確認された。

---

※12　XとYの業務上のやりとりが容易に把握できる位置関係にあったことは、Aの供述の信用性を基礎づけるものとなります。

※13　行為者の性格や日頃の言動についても、間接的な事情として考慮すべきです。

※14　感情的・抽象的な指示指導は、部下の業務改善に資するものではなく、正当な業務上の指示指導の範囲を超える可能性があります。

※15　新入社員にとって、先輩に当たる従業員の言動について話すことにより、その後自らに不利益が生じるのではないかと懸念することはもっともであり、曖昧な回答もやむを得ないと思われます。Xから話を聞いていたことやXが手持ち無沙汰な様子であったことは、Xの供述を裏づける事情となります。

## ⑷ Z（被害者・行為者の上司）のヒアリング

　Zは、Xから2度にわたりYの言動について相談を受けていたが、初回は、Xが相談したこと自体をYに伝えないでほしいと希望したことから、YにそれとなくXとの関係性を聞くことしかできなかったとのことであった。2回目は、仕事をもらえず、このままでは退職せざるを得ないとXから聞いたため、Yに対して仕事をXに与えるよう伝えたものの、その後は問題がないように見えたことから、そのままになってしまったとのことであった[16]。

　Yが総務部の主要業務を一手に担っていることから、Yの機嫌を損ねればサボタージュされ、業務が回らなくなることを不安に感じていたとの話もなされた[17]。

　なお、Xの能力については、経験値は不足しているが、教えたことはきちんとこなす能力はあるという評価であった[18]。

## ⑸ Y（行為者）のヒアリング

　Yは、ヒアリング当初から警戒心をあらわにしており、質問を遮って自身の見解をまくしたてていた[19]。Yは、Xが担当していた主な仕事を取り上げたことは認めた上で、「Xは能力が低すぎて仕事を任せられな

---

[16]　1回目の相談の際にはXの意向もあり、ある程度抽象的な働きかけとなってしまったことはやむを得ないといえますが、2回目の相談の際には、Xは退職も考えるまでに精神的に追い込まれている状況であったのですから、Yに指示した後もXの状況を注視し、フォローすべきであったといえます。

[17]　ZがYのハラスメントを認識しながらも強く指示指導できなかったのは、Yに総務部の主要業務が集中し、業務が属人化していたことも原因の一つである点は、再発防止のために考慮すべき事項です。

[18]　Xの業務上の能力は、Yの指示指導の相当性の評価に際しての重要な事情です。

[19]　ヒアリングにおけるYの対応は、Aから聴取したYの性格や日頃の言動と一致するものであり、Xに対する言動を推認させるものとなります。

い」と主張していたが、具体的なXの業務上のミスや時期を尋ねても、「いちいち覚えていない」などと曖昧な回答であった[20]。

### [8] 事実認定・評価

　顧問弁護士は、Xから提出された証拠およびヒアリングを基に、以下のとおり事実認定および評価を行うとともに、再発防止策を提示した。

### ⑴ Y（行為者）について

　Xの供述のうち、Xが仕事上ミスをした際に、Yから「根性がない」「仕事を任せられない」「新入社員のほうがしっかりしている」と言われたこと、次第に仕事を教えてもらえなくなり、担当していた仕事を取り上げられたことは、Xが当時作成していたメモ、録音データ、XがAおよびCに送信したメッセージアプリの内容およびZへの相談内容に整合し信用性が高い。Yは、Xの能力が低くて仕事を任せられないと供述するが、Yの供述によってもXのミスが重大なものであったとは認められないこと、現在Xを指示指導するZはXの能力について問題ない旨述べていること等からすると、Xの能力不足で仕事を与えられないというYの対応は、Xを業務上指示指導すべき上司として不適切であったというべきである。

　したがって、Yが部下であるXに対する指示指導を怠り、Xに仕事を与えなかったことが認められ、これは就業規則第○条に定める禁止行為の一つであるパワハラ（「自身の意に沿わない職員に対して、仕事を外したり、長期間にわたり、別室に隔離したりするなどの人間関係からの切り離し」）に当たることから、同規則第○条に定める懲戒事由に該当する。

---

※20　Yの供述が具体性・詳細性を欠くことは、信用性を減殺する事情となります。

## (2) Z（被害者・行為者の上司）について

　X、YおよびZの供述により、ZがXから2度相談を受け、1度目は、Yに対しXとの関係性を確認し、2度目は、Xに仕事を与えるよう注意したこと、その後は特に対応しなかったことが認められる。

　Xの初回の相談後は、相談したことをYに知られたくないというXの希望を踏まえ、Yに対し具体的な指示指導ができなかったことはやむを得ないものの、2度目のXの相談では、Xが退職も検討せざるを得ないと伝えていたのであるから、Yに対し、Xに仕事を与えるよう指示するだけでなく、Yが実際にXに仕事を与えたかどうかおよびその内容について確認し、不適切であればYを指示指導すべきであった。

　Zは、Xの上司として、快適な就業環境を提供するという職場環境配慮義務の一環として、YがXにハラスメントをしないよう管理監督する責任を負っているが、これを怠ったというべきであることから、就業規則第○条に定める懲戒事由の一つである「部下の管理監督を怠ったとき」に該当する。

## (3)再発防止策

　同社ではそれまでハラスメント研修を行っていなかったことから、全従業員対象の研修および管理職向けの研修を定期的に実施することのほか、業務配分の見直しを検討することや、部下のハラスメントを認識しながらその防止に向けた措置を怠った上司の責任を就業規則に明示すること等を提示した。

## ［9］懲戒委員会の招集と弁明の機会の付与

　顧問弁護士の調査報告を受け、懲戒委員会規程に基づき、代表取締役が懲戒委員会を組成した[21]。懲戒委員会規程では、懲戒委員会を招集し、行為者らに弁明の機会を付与することとされていることから[22]、YおよびZに対し通知書（**巻末資料6**、214ページ）を提示することにより、懲戒委員会の日時や目的を通知するとともに、出席し弁明することを求めた。

　結局、YおよびZとも懲戒委員会には出席せず、懲戒委員会は、調査報告により認定された事実関係に基づき、両者を譴責処分とすることを決定した[23]。

## ［10］X（被害者）・A（相談者）への報告

　Bは、XおよびAに対し、調査の結果、Xが主張するYの言動が認められ、ハラスメントに該当すると判断したこと、Zの管理監督義務違反を認定したこと、これらに基づきYおよびZを譴責処分に付することを報告した。なお、懲戒処分の公表前であり、口外しないよう伝えた。

---

[21]　懲戒処分について、懲戒委員会規程等により手続きが定められている場合には、当該手続きに沿う必要があり、これに反する場合には懲戒処分の有効性が否定されるおそれがあります。

[22]　YおよびZのヒアリングを経ているものの、懲戒委員会規程により弁明の機会の付与が定められている場合には、懲戒処分に際し、別途弁明の機会を付与する必要があります。

[23]　懲戒処分については、行為の態様・性質、被害の状況、反省の情、注意・指導の有無、過去の処分とのバランス等を考慮し判断します。懲戒処分が重すぎるとして争われるケースもありますので、そのリスクも考慮する必要があります。

## ［11］懲戒処分の公表

懲戒委員会規程では、懲戒処分の内容を原則として公表することとされていることから、一定期間、社内のイントラネットに「懲戒処分の連絡」（**巻末資料7**、215ページ）を掲示する方法で公表した[24]。

## ［12］配置転換

調査段階から、XはYと業務上接触することはほぼなくなったものの、業務場所が近い状況はXの精神的負担が大きいことから、Xの希望により、Xを別の部署に配置転換した[25]。

## ［13］再発防止策の履行

調査報告の提言に従い、ハラスメント研修の実施、業務配分の見直しおよび就業規則の改定を履行した。

---

[24]　懲戒処分の内容の公表については、規程で定められている場合には、社内のイントラネットに掲示することや朝礼で口頭で伝えるなど相当な方法で行うことに問題ありません。もっとも、個人名については必ずしも開示する必要はなく、名誉毀損やプライバシー侵害で争われるリスクもありますので、伏せるべきです。

[25]　パワハラ防止法では、相談をしたことによる不利益な取扱いは禁止されており、これには配置転換も含まれます。そのため、原則としては、行為者を配置転換すべきであり、例外的に被害者を配置転換する場合には、被害者の意向を慎重に確認すべきです。

# SOGIハラ対応例

---

**対象会社**
　従業員数約500人のIT会社

**登場人物**
　**X**…SE（システムエンジニア）として働く従業員
　**Y**…Xの上司である課長
　**Z**…XとYの上司である部長
　**A**…社外の弁護士

**相談窓口の体制**
　ハラスメント相談窓口は、社内のコンプライアンス部と社外（Aの法律
　事務所）に設置

---

## ［1］社外のハラスメント相談窓口への相談

　Xから社外のハラスメント相談窓口であるAの法律事務所に電話が
あった。ハラスメントについて相談したいが、電話では話しにくいので
面談したいとのことであり、面談を設定した。面談における相談内容は
以下のとおり。

　SEとして働いており、取引先に出向くことが多い。取引先の従業員から、
何度も彼女の有無や結婚のことなどを聞かれたことから、自分がゲイである
と伝えた。

　それについて、上司であるYに取引先からクレームが入ったということで、
YとYの上司であるZが同席する場で、Yから「取引先が困惑している」「ゲイ
であることを取引先に言うべきではない」等と言われた。

　ゲイであることを言うかどうかは私の自由であり、取引先には性的少数者
についての基本的理解を促すべきとの考えから、Yの発言は不適切である。
また、Zにはゲイであることを知られたくなかったので、Yの言動はアウティ

ングだと思う。

　性的指向に関するハラスメントと考えているが、社内のハラスメント相談
窓口に相談すると他の従業員にも性的指向を知られてしまうおそれがあるの
で、社外の相談窓口を利用した。※

　Aは、事実関係の調査を進める場合には、ハラスメント相談規程に基
づき、コンプライアンス部の本部長および部長には相談内容を共有する
必要があるが、守秘義務を負っているので他の従業員に知られることは
ないこと、調査結果は役員に伝える必要があるが、その場合は相談者が
特定されないようにすることを伝え、Xの承諾を得た。

　なお、ハラスメント相談規程では、以下のとおり定められている。

> 相談受付後、調査を要する場合には、コンプライアンス部の本部長
> がコンプライアンス部の部長に事実関係の調査を行わせる。ただし、
> 必要がある場合には、別途調査担当者を指定することができる。

## ［2］ 調査体制

　Aは、コンプライアンス部の本部長と相談し、Xが社外の相談窓口を
利用した理由に鑑み、事実関係の調査はAが主に担当し、コンプライア
ンス部の部長がサブで担当することとなった。

　ヒアリングは、X（被害者）、Y（行為者）、Z（被害者・行為者の上司）
の3名をX→Z→Yの順に行うこととし、その旨をXに伝え、承諾を得た。

---

※　SOGIハラは、性的指向・性自認という人格的利益に関わり、他のハラスメント
　と比較しても、守秘性の高い事項といえます。相談者の特定を含め相談内容の
　共有範囲は限定すべきであり、相談者にも慎重にその意向を確認する必要があり
　ます。プライバシー保護や性的少数者への理解に関する相談者の懸念を払拭する
　ため、性的少数者の支援を行う団体による外部相談窓口を設置するという方法も
　あります。

## ［3］ヒアリング

### (1) X（被害者）のヒアリング

　Xのヒアリング内容は以下のとおり。

・社内ではゲイであることを伝えたことはなかったが、取引先の従業員と業務を通じて仲良くなり、プライベートな話もするようになった。

・取引先の従業員が何度も「彼女はいるのか」「結婚の予定はあるか」などと聞いてきたことから、当初は適当にごまかしていたが、それも面倒になったことから、ゲイであることを伝えた。

・ゲイであることを伝えることは自分の自由であり、取引先が「一緒に働く従業員が困惑している」と言っているとしても、それは性的少数者に関する知識不足によるものであり、理解を促すべきである。

・それにもかかわらず、Yは、「理解しない人もいるので、ゲイであることは話さないほうがよい」「例えば、自分の病気のことなどは、自分なら話さない」などと言った。ゲイであることがあたかも病気であるかのような表現は大変違和感があり、傷ついた。

・これらのYの発言は、Zもいる場でなされたが、Zにはゲイであることを知られたくなかった。

・性的少数者に関する管理職の意識がとても低いことが分かり、ショックが大きく、退職を考えている。

### (2) Z（被害者・行為者の上司）のヒアリング

　Zのヒアリング内容は以下のとおり。

・Yから「取引先からXの言動についてクレームがあった。その指導のため、Xと打ち合わせをするので、同席してほしい」と言われた。

・打ち合わせの場で初めて取引先からの具体的なクレームの内容を聞き、Xがゲイであることを知った。

・これまで性的少数者の従業員について対応したことがなく、Yの発言内容について特に問題とは思わなかったが、Xを傷つけたとすれば申

し訳ない。

### (3) Y（行為者）のヒアリング

　Yのヒアリング内容は以下のとおり。

・SEは取引先でその従業員と円滑に業務を行うことが極めて重要である。取引先から、「従業員が困惑している」というクレームがあったので、再度このような事態が起きてはならないと思い、Xには、業務上ゲイであることを伝えるべきではないと話した。

・性的少数者については、報道等で基本的な知識を有していたが、取引先の反応を見ると、まだ理解が得られていないのではと思われた。

・例えとして病気を挙げたのは、プライベートな事項を例示しただけであり、深い意味はなかった。

・Xが取引先の従業員にゲイであることを伝えたということだったので、Zに伝えても問題ないと思った。

・性的少数者やパワハラに関する知識、経験が不足していたことを自覚しており、Xを傷つけたことを反省している。

## ［4］事実認定・評価

　YのXに対する発言内容やそれに至る経緯については争いがなく、就業規則で禁止行為の一つとして挙げられているパワハラに該当するかが問題となり、以下のとおり判断された。なお、就業規則では、パワハラの定義はパワハラ指針に従うものとされている。

・YがXの性的指向に関し、カミングアウトを制限したことや「病気」と同等に扱うかのような発言をしたことは、Yにその意図はなかったとしても、パワハラの一類型「精神的な攻撃」で例示されている「相手の性的指向・性自認に関する侮辱的な言動」と受け止められてもやむを得ないと考えられる。

・YがXの性的指向をXの承諾を得ずにZに開示したことは、パワハラの

一類型「個の侵害」で例示されている「アウティング」に該当する。

・Yは、取引先からのクレームに対し、Xの性的指向は会社が提供する
サービスに関係するものではないこと、性的指向をカミングアウトし
たことに問題はないことを伝え、性的少数者に関する理解促進を図る
べきであった。

## [5] 懲戒処分の検討

　Yの言動は就業規則で禁止行為とされているパワハラに該当し、懲戒
事由に該当する。それまで社内で性的少数者に関する研修を行ったこと
はなく、ハラスメントの研修においてもSOGIハラは含まれていなかっ
たこと、Yに悪意はなく1回きりであったこと、Yは反省し管理職とし
てハラスメント対応に留意する旨述べていること等に鑑み、譴責処分と
した。

## [6] プライバシー保護措置

　アウティングの場合には、それ以上暴露が拡大しないよう、早急に対
応する必要がある。そのため、Yに対し、Z以外に暴露していないかを
聞き、Z以外には暴露していないことを確認した。YおよびZに対し、
性的指向および性自認は機微な個人情報であり、アウティングにより、
Xの生活を破壊してしまうおそれがあることおよび民法上の不法行為に
も該当し得ることから、さらなるアウティングを起こさないよう十分留
意するよう伝えた。

　また、取引先に対しては、Xの性的指向はXの業務に関わるものでは
なく、今回のクレームは性的少数者に関する基本的理解が欠けているこ
とに起因するものと考えられ、取引先において適切な指示指導を行って
いただきたいこと、取引先においてXの性的指向を知った従業員を確認
し連絡いただきたいこと、これ以上暴露の範囲が拡大しないよう今後十
分留意し対応いただきたいことを伝えた。

　以上を経て、Xに対し、Yの暴露の範囲はZのみであること、Yおよび
Zにはアウティングの重大性を説明し、さらなるアウティングを起こさ
ないよう十分留意するよう指導したこと、取引先に対しても、性的少数
者に関する基本的理解を促すとともに、暴露の範囲の確認および暴露の
範囲が拡大しないよう留意し対応するよう申し入れた旨を伝えた。

## ［7］ 再発防止策

　懲戒処分の公表に関する定めはなかったが、再発防止のため、Xの承
諾を得て、個人名・部署名を伏せて事案の概要や懲戒処分の内容につい
て朝礼で告知した。

　また、性的少数者に関する啓発やSOGIハラの研修を全従業員向けお
よび管理職向けに定期的に開催するとともに、性的指向および性自認等
の機微な個人情報の取扱いに関するマニュアルを整備することとした。

# セクハラ対応例

> **対象会社**
> 全国に事業所を展開する従業員数約1000人の電子機器メーカー
>
> **登場人物**
> **X**…同社の地方事業所に勤務する契約社員
> **Y**…同事業所に勤務する課長
> **Z**…同事業所に勤務する部長
>
> **相談窓口の体制**
> コンプライアンス相談窓口（担当者A）

## ［1］コンプライアンス相談窓口への相談

　契約社員であるXは、コンプライアンス相談窓口に、同じ事業所で勤務する課長のYから、手を触られる、服装・髪形について指摘される、交際を要求される、家に押し掛けられるなどのセクハラを受けた旨相談した。

## ［2］コンプライアンス相談窓口の対応

　コンプライアンス相談窓口の担当者であるAは、Xの相談を受け、X（被害者）→部長のZ（被害者・行為者の上司）→Y（行為者）の順にヒアリングをした。

## ［3］ヒアリング

### (1) X（被害者）のヒアリング

　Xのヒアリング内容は以下のとおり。

・入社後に、Yから携帯電話番号とメッセージアプリのアカウントについて聞かれ、交換した。

・Yは、仕事中、資料等を渡す際に手を触ってくることが何度もあった。

→「うっかり触れてしまったのではなく、わざと触ったということか」
との質問に対しては、「何度もあったのでわざとだと思う」との回答。
「どういうふうに触ったか」との質問に対しては、「どういうふうにと
いわれても説明できないが、触られたのは事実である」との回答。

・Yは、「その服装は露出度が高い」「その髪形はよくない」など、服装
や髪形などのXの容姿を頻繁に指摘し、不快に感じていた。

・Yから交際を求められたが、断った。

・夜にYが突然自宅に押し掛けてきたこともある。

→「Yはどのような用件だったのか」との質問に対して、「よく分からな
かった」と回答。

・これまでZを含め第三者に相談したことはない[※1]。

## ⑵ Z（被害者・行為者の上司）のヒアリング

Zのヒアリング内容は以下のとおり。

・YはXの教育係であり、YはXに熱心に業務を教えていた。

・Yは生真面目でやや融通が利かない点がある。

・Xは服装や髪形など「今どきの若い女性」という印象で、事業所内で
やや浮いているようだった。

・XはYを慕っていて、何かと「Yさん、Yさん」と親しげに話しかけて
いた。XのYに対する接し方について、他の社員が、「上司に対してあ
まりにもなれなれしいのではないか」と話していたのを聞いたことが
ある。

・Xの訴えている内容については、初めて聞いたもので驚いている。

-------------------------------------------------

※1　第三者に被害を相談した事実は、ハラスメントの存在を推認させる間接事実
ですが、セクハラは、一般的に第三者に知られたくない事柄であるため、相談
していないことをもってハラスメント認定の消極的要素とすべきではありませ
ん。

・問題の行為があったとされる前後で、Xの様子に変わりはなかった。

## (3) Y（行為者）のヒアリング

　Yのヒアリング内容は以下のとおり。YからXとのメッセージアプリでのやりとりも提出されたが、その大半はXが業務時間外にプライベートな内容を送信したものであり、Yの返信はほとんどなかった。なお、Yが提出したメッセージアプリでのやりとりについては、Xにも確認してもらった[※2]。

・携帯電話番号とメッセージアプリのアカウントを教えたことはあるが、それはXから依頼され、仕事上知っておいたほうが便利かと思い、交換したものである。

・取引先にXと共に訪問することもあり、Xの服装や髪形について、不適切と思われるときは注意したことがある。

・Xから、しばしば「彼女はいるのか」などのプライベートな質問をされたが、適当に受け流していた。

・Xは社会人経験が浅く業務上の能力も不十分であったので、早く一人前になってほしいと思い、業務上の指導から社会人としての在り方等まで教えていた。Xに対し個人的な感情を抱いたことはなく、ましてや交際を求めたことは一度もない。

・Xから、「おいしい店を見つけたので今度行きましょう」「誕生日おめでとうございます。プレゼント準備します」などというメッセージが頻繁に送信されるようになった。好意を持たれていることを感じ、対応に困り、ほとんど返信していなかったが、次第に、「既読スルーは

---

※2　メール（またはメッセージアプリ）でのやりとりについては、自らに不利と思われる履歴・内容の場合は提出しないことがありますので、送受信者双方から提出してもらい、疑義がある場合はその前後のやりとりについても確認しましょう。

ひどい」などの怒りを示すメッセージが送信されるようになった。

・Xから「お会いしてきちんと話をしたい。外では話しにくいので、家に来てほしい」と言われ、Xの家を訪問したことはある。ただ、家の中に入ることはためらわれたので、玄関先で話をした。その際、Xは、「(Yに)ばかにされた」「仕事で資料を渡す際にわざと手を触るなどセクハラされたことを会社に伝える」と主張していた。資料を渡す際に手が触れてしまったことはあったかもしれないが、わざと触ったことはなく、Xがなぜそのようなことを言い出したのか分からない。

## [4] 事実認定・評価

　Xが主張するセクハラのうち、手を触られる、交際を要求されるとの2点は、XとYの供述が対立しており、Xの供述を裏づける証拠はない。資料等の受け渡しの際に手を触ることについて、Xは、その具体的な態様を説明しておらず、仮に接触したとしても偶発的なものであった可能性は否定できない。交際を要求されたことについては、メッセージアプリでのやりとりやZの供述からすれば、XがYに好意を有していたこと、Yは消極的な対応であったことが示されていることから、Yから交際を要求したとは考え難い。

　YがXの服装や髪形について指摘したことに争いはない。しかし、それは取引先の訪問の際に一定の配慮を求めたものであり、業務に関連する指導として、不相当とはいえない。

　自宅に押し掛けられたという点については、YがXの自宅を訪問したことに争いはない。しかし、Yは、Xからメッセージに返信しないことを非難され、「お会いしてきちんと話をしたい。外では話しにくいので、家に来てほしい」という依頼を受けて訪問したものと主張しており、メッセージのやりとりによれば、Xの複数回のメッセージにYが返信しておらず、Xが感情を害していたことが認められる。そうすると、XがYからの返答を求めて自宅に来るよう伝えたことが推認される一方で、Xの

依頼がなければ、YがXに業務外で面会すること、それも自宅を訪問することは考え難い。したがって、YがXの自宅を訪問したことは、上司として適切な行動とは言い難いが、Xの意に反するものとはいえない。

したがって、Xが主張するYの言動はいずれもセクハラとは評価できない。

## ［5］XおよびYへの報告

調査の結果、XおよびYに対し、Xが主張する事実関係のうち、YがXの自宅を訪問した事実および「その服装は露出度が高い」「その髪形はよくない」と発言した事実は認定したが、それ以外の事実は認定できなかったこと、上記認定した事実についてもセクハラとは認定できなかったことを報告した。

## ［6］配置転換

YはXからセクハラの訴えがあったことにショックを受けており、配置転換を希望したことから、Yを他の事業所に配置転換した[※3]。

---

※3 部下からハラスメントの申告を受けることは、相当の心理的負荷というべきですので、行為者と疑われた従業員の心理的負荷が過度に蓄積することのないよう、配置転換の対応を検討すべきです（アンシス・ジャパン事件 **第5章** 157ページ）。

## 巻末資料

# 1　相談窓口（一次対応）担当者のためのチェックリスト

| | 基本的な流れ | ポイント |
|---|---|---|
| 1 | 相談者のプライバシーが確保できる部屋を準備しましょう。 | ✓社内の会議室では他の従業員に探知される可能性がある場合には、社外の会議室で行うなどの方法を検討しましょう。 |
| 2 | 相談者が冷静に話ができるよう心がけましょう。 | ✓できる限り、相談者が女性の場合は、女性の相談担当者も同席できるようにしましょう。 |
| 3 | 相談内容の秘密が守られることを説明しましょう。 | ✓相談者のプライバシーを守ること、相談者の了解なく行為者に話をしないこと、相談によって社内で不利益な取扱いを受けないことを説明しましょう。 |
| 4 | 相談対応の全体の流れを説明しましょう。 | ✓相談窓口の役割や、解決までの流れ、予想される期間、会社のハラスメントに対する方針（ハラスメントは許さない等）等の説明をしましょう。 |
| 5 | 相談者の話をゆっくり、最後まで傾聴しましょう。 | ✓1回の面談時間は、1時間程度が適当であり、さらに時間を要する場合には、継続するか、別途日時を設定するか、いずれがよいか相談者の意向を確認しましょう。<br>✓相談者が主張する事実を正確に把握することが目的ですので、意見を言うことは原則として控えましょう。<br>※相談者に共感を示さない以下のような言葉は、厳禁です。<br>⑴「ハラスメントを受けるなんて、あなたの行動にも問題（落ち度）があったのではないか」と相談者を責める。<br>⑵「どうして、もっと早く相談しなかったのか」と責める。<br>⑶「それは、ハラスメントですね／それは、ハラスメントとはいえません」と断定する。<br>⑷「これくらいは当たり前、それはあなたの考えすぎではないか」と説得する。<br>⑸「そんなことはたいしたことではないから、我慢したほうがいい」と説得する。<br>⑹「（行為者は）決して悪い人ではないから、問題にしないほうがいい」と説得する。 |

| | | |
|---|---|---|
| | | (7)「そんなことでくよくよせずに、やられたらやり返せばいい」とアドバイスをする。 |
| | | (8)「個人的な問題だから、相手と2人でじっくりと話し合えばいい」とアドバイスをする。 |
| | | (9)「そんなことは無視すればいい」とアドバイスをする。 |
| | | (10)「気にしても仕方がない。忘れて仕事に集中したほうがいい」とアドバイスをする。 |
| 6 | 事実関係を整理し、相談者と共に確認しましょう。 | ✓いつ、誰から、どのような行為を受けたか、目撃者はいたか等を整理し、ハラスメント相談記録票に記入しましょう。<br>✓証拠書類（手帳や業務記録など）があれば、コピーし保存しましょう。 |
| 7 | 人事担当部署などに相談内容を伝え、事実関係を確認することや対応案を検討することについて同意を得ましょう。 | ✓相談者が行為者や他従業員からの事情聴取を望まない場合は、確認ができなければ、会社としてこれ以上の対応（行為者への指導や処分等）はできないことを説明しましょう。<br>✓相談者の意向を尊重して対応しましょう。 |
| ※ | 相談者から「死にたい」などと自殺を暗示する言動があった場合には、産業医などの医療専門家等へ速やかに相談しましょう。 | ✓相談者が心療内科等に通院している場合は、診断書の提出を求めましょう。 |

資料出所：厚生労働省「パワーハラスメント対策導入マニュアル（第4版）」を一部改変

## 2 ハラスメント相談記録票

（表面）

|  | 受付No. |
| --- | --- |

【相談者の情報】

| 相談受付日時 | 年　　　　月　　　　日 |
| --- | --- |
| 氏名 | |
| 所属 | |
| 連絡先<br>（内線または携帯） | |
| メールアドレス | ＠ |
| 社員番号 | |

【内容】

| いつ | 誰から<br>（相談者との関係） | どのような<br>（受けた場所、状況、ハラスメントと感じた具体的な言動など） | 同席者や目撃者の<br>有無／所属や名前など |
| --- | --- | --- | --- |
| ①　　年　　月　　日<br>　　　時ごろ | | | |
| ②　　年　　月　　日<br>　　　時ごろ | | | |
| ③　　年　　月　　日<br>　　　時ごろ | | | |
| ④　　年　　月　　日<br>　　　時ごろ | | | |

（裏面）

受付No.

【相談者の生活・身体・精神への影響】

| 休暇取得 | |
|---|---|
| 時間外、休日労働 | |
| 身体面への影響 | |
| 精神面への影響 | |

【その他の確認事項】

| 対象は自分だけか、他の従業員にも行われているのか | |
|---|---|
| 上司、同僚、外部相談機関等への相談状況 | |
| 職場環境への影響 | |
| 相談者の希望<br>例：調査してほしい、指導してほしい、配置転換等の人事上の措置、様子を見たい　等 | |
| 相談内容の共有範囲 | |
| 相談者の特定情報の共有範囲 | |
| 受領した資料の有無・内容 | |
| 受領資料の共有範囲 | |

資料出所：厚生労働省「パワーハラスメント対策導入マニュアル（第4版）」を一部改変

## 3　業務命令書

○年○月○日

○○課　○○○○　殿

株式会社○○

代表取締役　　○○○○

業務命令書

　○○課における貴殿の言動について、調査を開始することとなりました。つきましては、以下の日時・場所にて、貴殿から事情をお伺いしたく存じますので、出席をお願いいたします。

　なお、調査（呼び出しの事実を含みます）について口外すること、当社従業員に働きかけたり、誹謗中傷したりすることは厳に慎んでいただきたく、万一貴殿がかかる行為をした場合には懲戒処分の対象となりますので、ご留意ください。

記

　開催日時：○年○月○日　午前／午後○時○分

　開催場所：当社会議室○○

以上

# 4　誓約書

○年○月○日

株式会社○○　御中

住所　○○○○

氏名　○○○○

誓約書

　私は、本件の調査に際し、事情聴取を受けたことやその内容について第三者に口外せず、第三者に働きかけたり、誹謗中傷したりするなど調査を妨害する行為を行っておらず、今後も行わないことを誓約します。

　また、私が話した内容については、調査に必要な範囲で調査担当者や他の関係者に開示することに異存ありません。

以上

## 5　調査報告書の例

調査報告書

○年○月○日

○○株式会社　御中

ハラスメント調査委員会
委員長　○○○○

第1　調査対象事項及び調査結果
　1　調査対象事項
　　調査対象事項は、以下の通りである。
　(1)　○○課のマネージャー職にある○○氏（以下「A職員」という。）
　　の同課の○○氏（以下「B職員」という。）への言動が就業規則第
　　○条○項で禁止されるパワーハラスメントに該当するか否か
　(2)　B職員から相談を受けた、A職員の上司であるC部長の対応の適
　　否
　(3)　上記(1)(2)が生じた背景
　(4)　再発防止策の提言
　2　調査結果
　(1)　A職員の別紙記載の言動は、就業規則第○条○項○号に定めるパ
　　ワーハラスメントに該当すると認定した。
　(2)　C部長の別紙記載の対応は、A職員のハラスメントの抑止に不十
　　分であり、A職員がハラスメントを繰り返さないよう管理監督する
　　責任を怠ったものである。
　(3)　上記(1)及び(2)の問題が生じた背景としては、A職員の個人的特性
　　によるところが大きいものの、業務の属人化及び管理職を含む従業
　　員のハラスメントに対する理解不足が挙げられる。
　(4)　再発防止策として、ハラスメント研修の実施、通報窓口の実効性
　　確保、業務の属人化の解消及びハラスメント規程の改定が挙げられ

る。

第2　調査に至る経緯及び調査担当者
　1　調査に至る経緯
　　本調査は、○年○月○日における当社ハラスメント相談窓口への相談申出（以下「本通報」という。）を受けて、ハラスメント相談規程第○条○項に基づき、当社代表取締役がハラスメント委員会を組成し調査を同委員会に委嘱したことにより、開始されたものである。
　2　調査担当者
　　本調査は、内部監査室長である○○、内部監査室の職員である○○及び○○の3名が担当した。
　3　本調査の経過
　(1)　ヒアリングの実施
　　以下の通り、A職員、B職員、C部長のほか、他部署のD職員の4名のヒアリングを合計5回実施した。
　　　○年○月○日　　　　B職員ヒアリング（1回目）
　　　○年○月○日　　　　D職員ヒアリング
　　　○年○月○日　　　　C部長ヒアリング
　　　○年○月○日　　　　A職員ヒアリング
　　　○年○月○日　　　　B職員ヒアリング（2回目）
　(2)　証拠資料の確認
　　B職員から提出された以下の証拠資料を確認した。
　・○年○月○日及び○年○月○日のA職員との会話の録音データ
　・B職員とD職員との間のメッセージ履歴

第3　調査対象事項(1)（パワーハラスメントの有無）について
　1　A職員のB職員に対する言動
　(1)　認定した事実
　　調査の結果、○年○月のB職員の入社以降、少なくとも別紙記載の事実により、A職員がB職員に対し、合理的理由なく、断続的かつ意図的に、B職員をごく単純な事務作業に従事させ、本来担当すべき○○などの業務から排除したうえ、業務上の指示・指導を放棄したことを認定した。

(2) 事実認定の理由
（略）
2　パワーハラスメント該当性
　　上記1で認定したA職員の言動については、A職員がB職員の上司であり、経験も年齢も優る立場にあることから、「優越的な関係を背景とした言動」に該当する。
　　また、上記1で述べた通り、A職員の当該言動は、業務上の必要性がなく、相当でもなかったというべきである。A職員の言動は、就業規則第○条○項○号で禁止されているパワーハラスメントの一例である「自身の意に沿わない職員に対して、仕事を外」すものに該当すると解される。

第4　調査対象事項(2)（上司の対応）について
　1　C部長の対応
（1）　認定した事実
　　調査の結果、A職員の上司であるC部長が、B職員からA職員の対応について相談を受けたが、A職員から話を聞いたり、A職員の対応の改善に向けて指示・指導したりするなどの対応をしなかったことを認定した。
（2）　事実認定の理由
　　（略）
　2　C部長の対応の適否
　　B職員は、C部長への相談の際に、「このままでは退職も検討せざるを得ない」と伝えていたのであるから、C部長は、A職員に対し、速やかに状況を確認のうえ、B職員に対する対応を改善し、B職員に業務を割り振り、適切に指示・指導するよう注意すべきであった。
　　以上に鑑みれば、C部長は、B職員の上司として、快適な就業環境を提供するという職場環境配慮義務の一環として、A職員がB職員にハラスメントを繰り返さないよう管理監督する責任を負っているが、これを怠ったものである。

第5　調査対象事項(3)（ハラスメント発生の背景）について
　1　A職員について
　　A職員がB職員にハラスメントを行った背景及び原因については、

Ａ職員の個人的特性によるところが大きいものの、Ａ職員が〇〇課の業務を事実上取り仕切っており、業務が属人化していたことが挙げられる。

（略）

2　Ｃ部長について

　Ｃ部長は、Ａ職員のＢ職員への対応の問題点について認識しておらず、パワーハラスメントに関する正確な知識が不足していたものである。Ｃ部長がパワーハラスメントに関する正確な知識を有していれば、Ａ職員がＢ職員に仕事を与えないことがパワーハラスメントに該当しうることに気づき、より積極的な是正対応が可能であったものと考えられる。

第6　調査対象事項(4)（再発防止策の提言）

1　ハラスメント研修の実施
　（略）
2　相談窓口の実効性の確保
　（略）
3　業務の属人化の解消
　（略）
4　ハラスメント規程の改定
　（略）

以上

## 6　懲戒処分通知書

懲戒処分通知書

　当社就業規則第○条の定める手続に従い審議を重ねた結果、貴殿を下記の通り懲戒処分に付します。

記

1．懲戒該当事由
　　貴殿の○○課の○○職員に対する下記の言動
　　・○年○月○日　貴殿が○○職員に対し、「○○」と発言したこと
　　・○年○月○日　○○職員が担当していた業務を取り上げ、新たな業務を割り振らなかったこと

2．懲戒該当条項
　　就業規則第○条○項○号
　　「自身の意に沿わない職員に対して、仕事を外し、長期間にわたり、別室に隔離するなどの人間関係からの切り離し」

3．懲戒処分の内容
　　譴責処分

　なお、懲戒処分及び懲戒該当事由については、氏名非公開のうえ公表する。

以上

# 7 懲戒処分の連絡

懲戒処分の連絡

職員各位

　今般社内において、就業規則第〇条〇項〇号で禁止されているパワー
ハラスメントと認定される行為（「自身の意に沿わない職員に対して、
仕事を外す」）があり、懲戒委員会を開催し、ハラスメントの行為者及
び管理監督責任を負う上司を譴責処分としましたので、懲戒委員会規
程第〇条〇項に基づき公示します。
　当社では、就業規則により、パワーハラスメントに限らず、職場に
おける各種ハラスメント及びその類似行為を禁止しています。今般の
事態が発生したことを契機として、今一度規程を見直すとともに、再
発防止のため、今後ハラスメント防止に関する教育及び啓発に向けて
取り組む所存ですので、職員の皆様におかれましても、より良い職場
環境構築に向け取り組んでいただきますようお願い申し上げます。

代表取締役　〇〇〇〇

## 【著者紹介】

**横山　佳枝（よこやま　よしえ）**
原後綜合法律事務所杉山室　パートナー弁護士

2001年名古屋大学法学部卒業、04年弁護士登録。14年ニューヨーク州弁護士登録。18年から東京都労働局紛争調整委員。著書として、『第2版　ハラスメントの事件対応の手引き』『ハラスメント事件の基本と実務』（ともに共著、日本加除出版）、『法律はあなたの味方　お仕事六法　正社員ver.』（あさ出版）等がある。

カバーデザイン／株式会社 志岐デザイン事務所
本文デザイン・印刷・製本／株式会社 加藤文明社

発覚から調査・解決まで
## 職場のハラスメント対応マニュアル
2023年8月30日　初版発行

著　者　横山佳枝
発行所　株式会社 **労務行政**
　　　　〒141-0031　東京都品川区西五反田3-6-21
　　　　　　　　　　住友不動産西五反田ビル3階
　　　　TEL：03-3491-1231
　　　　FAX：03-3491-1299
　　　　https://www.rosei.jp/

ISBN978-4-8452-3443-1